ROME ET NAPLES

SIMPLES NOTES.

PAR

M. DE LAGRÈZE.

PAU,

IMPRIMERIE DE É. VIGNANCOUR, ÉDITEUR.

—

1864.

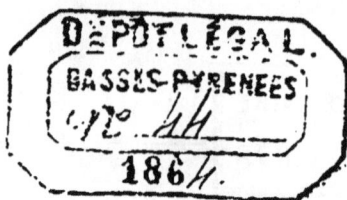

ROME ET NAPLES.

SIMPLES NOTES.

~~~~~~~~~~~~~~~~~~~

À Monsieur L....

I.

ANTIQUITÉS DE ROME.

Cher Collègue, vous me demandez quelques détails sur Rome et sur Naples, et notamment sur
les Catacombes et sur Pompéï, ces deux grandes
curiosités de l'antiquité chrétienne et de l'antiquité
payenne. On a écrit sur l'Italie des ouvrages sans
nombre, quelques-uns trop savants, d'autres trop fri-
voles, d'autres enfin qui demeureront, comme le beau
livre de M. Ampère. Mais qui a tout lu et qui a
le temps de tout lire? Vous savez beaucoup de
choses, il vous est permis d'avouer qu'il y en a

beaucoup que vous ignorez encore. Je vous pro-
mettrais d'être bref et sincère, mais c'est ordinairement lorsqu'on craint de se voir accusé de n'être
ni l'un ni l'autre, qu'on se hâte de faire cette
double promesse. Et cependant si la franchise peut
nuire dans le monde, elle ne nuit jamais en histoire.
Je vais vous dire mes impressions et non celles des
autres.' En voyage, j'ai pour habitude d'ouvrir les
yeux beaucoup plus que les livres. Je ne m'in-
quièterai pas de savoir si ce que je vais dire a
été déjà dit. A Rome et à Pompeï, en fait d'antiquités, il y a toujours du nouveau.

Tout chemin mène à Rome, dit-on : aucun chemin
n'y conduit d'une manière facile. Par terre, long
trajet, triste pays, mauvaises voitures, détesta-
bles auberges, apparitions de brigands. Par mer,
il y a d'autres inconvénients, sans compter les
naufrages, comme celui de l'*Atlas*, dans cette
Méditerranée si douce en apparence et pourtant
si perfide : j'ai pris la route la plus courte. Je
me suis embarqué à Marseille : j'aurais pu, voya-
geant par *escale*, m'arrêter à Gênes et à Livourne.
Je suis arrivé directement en 33 heures à Civita-
Vecchia, ville vieille en apparence, ville toute neuve
en réalité.

J'ai cotoyé les îles d'Hyères, Monte-Christo,
l'île d'Elbe et l'île de Corse. Je vous épargne mes
réflexions sur Alexandre Dumas et sur Napoléon,
dont il est d'usage de parler en passant près des
lieux qu'ils ont illustré si diversement. Le port de

Civita creusé par Trajan est un des plus sûrs
d'Italie. Un chemin de fer conduit en trois heures et
demie à Rome. Je ne regretterais pas ce voyage
quand il ne m'aurait procuré que l'avantage de faire
connaissance dans la traversée avec un de nos béarnais les plus aimables et les plus distingués, M. le
docteur La Rivière, qui occupe un rang élevé dans
le corps médical de l'armée. La campagne de
Rome, *campana romana*, m'a paru monotone et
triste. Je ne comprenais pas trop comment Pompée
et Antonin le Pieux avaient pu choisir pour leurs
villas les environs de *Palo*, dont le nom me rappelait notre château de Pau, nommé dans les
chartes du moyen-âge *Castellum de Palo*. En arrivant au pont jeté sur le Tibre, et que le Pape est
venu bénir pendant mon séjour en Italie, aux
approches de Rome qui fut la reine du monde
ancien, et qui sera toujours la capitale du monde
catholique, aux souvenirs de la Ville-Sainte, de
la ville immortelle, où tous les peuples ont passé,
où les plus grands évènements de l'histoire se sont
accomplis, où les Césars ont régné, où règne encore
le vénéré successeur de St-Pierre, un sentiment
de vive curiosité et de pieuse émotion fait battre le
cœur de l'archéologue et du chrétien.

En pénétrant, le soir, dans les rues étroites et
presque désertes de Rome, on éprouve une impression qui ressemble à un désappointement. Rien
n'égale la tristesse du premier aspect de la ville,
si ce n'est l'admiration qu'elle inspire quand on

étudie toutes ses merveilles. Cette admiration grandit
de jour en jour et la curiosité ne semble jamais
assouvie en visitant ses ruines grandioses, ses
fontaines monumentales, ses obélisques, ses sept
musées de statues, ses seize galeries de tableaux,
ses onze bibliothèques, ses 148 places, ses 22 villas
célèbres, ses 84 palais magnifiques, ses 398 Eglises!
On ne peut faire un pas, sans heurter une pierre ou
sans rencontrer un souvenir qui réveille la mémoire
d'un grand homme ou d'un grand évènement. Un
français homme d'esprit, (il est de votre famille)
était venu à Rome pour y passer une semaine.
Les premiers jours lui parurent longs et il lui tardait
que la semaine fut finie; puis il retarda son départ;
il le retarde depuis 20 ans sans avoir pu épuiser
encore tout ce que la Ville-Sainte peut offrir d'ali-
ment à sa piété et à son intelligence.

Il serait moins honteux d'ignorer la vie de nos
Rois de France que celle des Rois de Rome. Nous
avons appris l'histoire de Romulus avant d'avoir
appris notre histoire nationale. Après ses jours de
triomphe, la capitale du monde eut ses jours de
revers, et je ne sais si l'étendue de ses désastres
n'a pas dépassé encore tout l'éclat de sa gloire.
Quels sont les monuments des temps antiques qui ont
survécu à tant de dévastations lamentables, comme
des témoins contemporains de la grandeur romaine?

L'architecture des Grecs et des Etrusques servit
de modèle aux Romains qui se vantaient d'exceller
dans la science des combats plutôt que dans celle

des beaux-arts. Ils firent surtout usage de la voûte et des arcades. Leurs monuments très-simples sous les rois et sous les consuls prirent un caractère grandiose sous les Césars. Ils imitèrent l'art des grecs qu'ils avaient vaincus, et embellirent Rome des dépouilles du monde. Nul n'ignore à quel degré parvint ce luxe de simples citoyens, comme Scaurus, Lucullus et Pompée. Jules César dépensait 25 millions pour acquérir le terrain seul d'un forum. Auguste d'une ville de briques faisait une ville de marbre, et des auteurs ont porté jusqu'à 60,000 le nombre des statues qui peuplent la capitale. L'enceinte murale de la ville, réduite aujourd'hui à cinq lieues et demie de pourtour, était sous Aurélien d'une telle étendue qu'il avait fallu ériger, pour la protéger, 300 tours qui faisaient l'admiration du monde. Sa population s'éleva jusqu'à deux millions ; elle est en ce moment de 201,000 (1). Elle était descendue bien bas lorsque les souverains pontifes, persécutés, en s'éloignant, retirèrent la vie à la ville Sainte qui ne pouvant plus être la capitale des Césars, dont le règne est passé, doit rester éternellement la capitale de Jésus-Christ, dont le règne ne passera jamais.

---

(1) Lorsque les Papes se réfugièrent à Avignon, la population descendit à 15,000 âmes. Lorsque Pie VII quitta Rome elle descendit à 77,000. Elle est remontée sous Pie IX à 201,000 âmes.

Que de monuments payens les Papes ont sauvé en leur donnant une destination chrétienne ! Ils ont fait de temples profanes de belles églises, et ils ont consacré à la mémoire des saints des chefs-d'œuvre artistiques qui auraient péri s'ils avaient encouru la proscription du culte des idoles.

Quand la pensée se reporte vers l'antiquité, ce qui saisit le plus fortement notre imagination c'est le Capitole, c'est le Forum. Je brûlais de voir le Capitole attaqué par Brennus, la place où se décidait le sort des nations. Le Capitole a perdu jusqu'à son nom, et le vieux *Capitolium* est devenu le *Campidoglio* qu'on a traduit par *Champ d'huile*. Le Forum, n'est plus le Forum *romanum*, mais le *Campo vaccino* ou Champ du bétail. Ces dénominations malheureuses ôtent à ces lieux une partie de leur poésie, et au premier aspect ils répondirent assez mal à l'idée que j'avais pu m'en faire à la lecture des auteurs classiques. Le Capitole a l'apparence et le style d'un palais moderne : deux bâtimens qui semblent former deux ailes renferment deux musées. Le Forum, avec ses allées d'arbres mal venus, ses maisons pauvres et rares, ses ruines éparses et noircies par le temps, me fit une impression triste, lorsque je m'assis pour le contempler sur les hauteurs du mont Capitolin, et je tombais bientôt dans de mélancoliques pensées et dans une rêverie profonde en songeant aux vicissitudes des siècles, au passé, à l'avenir. Virgile rapprochant les temps d'Evandre de ceux d'Auguste rappelait avec étonnement que les bœufs jadis mugirent dans les lieux même où la voix du peuple romain dictait des lois au monde. Hélas! si le poète eut été prophète de l'avenir comme il l'était du passé, qu'aurait-il dit en racontant à ses contemporains que tant de grandeur et de magnificence s'écroulerait à son tour et que le Forum romanum redeviendrait le champ du bétail! S'il était permis de sonder le mystère des âges futurs, peut-être aussi arrivera-t-il un jour où notre Paris, la plus brillante ville de l'univers, subira la loi du temps et verra l'herbe croître dans ses rues abandonnées :

> « Peut-être un jour quelque barde inspiré
> » Chantant aux lieux où fut jadis Lutèce,
> » N'entendra que le chant qu'il aura soupiré. »

Après ce premier saisissement, lorsqu'avec l'aide de l'érudition des autres et de ma propre imagination, j'ai essayé de reconstruire avec ce qui existait encore, ce qui avait existé jadis, mon admiration croissait à chaque pas à mesure que je me livrais à l'examen minutieux de ces monuments célèbres. La chapelle d'*Ara Cœli* me rappelait le temple de Jupiter Capitolin, dont elle occupe la place, son escalier me semblait encore teint du sang de Tiberius Gracchus. La partie inférieure du Capitole m'intéressa surtout parce qu'elle est antique, et qu'elle conserve quelques ruines précieuses ; à la lueur des flambeaux je visitai le *tabularium*, dépôt des archives du peuple roi, et je descendis dans le mystérieux escalier qui permettait aux sénateurs

de sortir inaperçus pour se rendre au Forum. Je
me souvenais que la roche tarpéïenne était près
du Capitole, mais il est difficile de s'en faire une
exacte idée sous les maisons modernes qui la recou-
vrent. Le Capitole était placé entre le lieu du supplice et la prison. Lorsque le triomphateur y arri-
vait au milieu des acclamations d'un peuple ivre
de gloire, les vaincus qu'on égorgeait en ce moment mêlaient leurs cris de douleur aux cris de
joie des vainqueurs. Partout dans les mœurs antiques de Rome nous trouvons des sentiments cruels
mêlés à des sentiments d'héroïsme. Le bon Titus
n'avait pas perdu sa journée lorsqu'il avait assisté
à l'égorgement de captifs désarmés ou de gladiateurs instruits à bien mourir.

Le plus vieux monument de Rome, celui qui
date du temps des rois, c'est la prison Mamertine,
ainsi nommée de Mars, *Mamers*. Les anciens auteurs
nous en ont fait la description et les lieux ne se
sont pas embellis depuis lors. « C'est, dit Salluste,
» un enfoncement qui a douze pieds de profon-
» deur, il est entouré de murs; au-dessus est une
» chambre voûtée, c'est un lieu désolé, infect,
» ténébreux et terrible. »

Cet épouvantable cachot où les victimes étaient
descendues par un trou pratiqué à la voûte, où
la lueur des torches avait peine à percer d'épaisses
ténèbres, remplissait mon âme d'un sentiment d'effroi et de tristesse à la pensée de tant de victimes
torturées en ces lieux, de tant de rois vaincus

périssant en maudissant leur sort, de Jugurtha,
mourant de faim ; de Catilina, étranglé ; de Séjan,
égorgé avec ses filles... Bientôt, cependant, un souvenir pieux dissipa dans mon esprit ces souvenirs
d'horreur. Là, Saint-Pierre fut enfermé ; au lieu
d'imprécations contre ses persécuteurs, il ne répandait que des bénédictions sur tous ceux qui
l'approchaient. Ses geôliers, convertis par sa parole,
tombaient à ses genoux. Tout à coup, du sol de
l'affreux cachot, une source jaillissait à la voix de
l'apôtre, qui demandait au ciel de l'eau pour donner
le baptême. Je contemplais avec étonnement cette
source, dont nul auteur ancien n'a fait mention avant
Saint-Pierre, et qui depuis des siècles, toujours
limpide au milieu de cette noire prison, est l'objet
d'une pieuse curiosité. « L'un des geôliers convertis, dit M. Ampère, était *Processus* (progrès), symbole expressif du changement qui s'accomplissait.
L'idée de charité se faisait jour dans ces ténèbres
où elle n'avait jamais pénétré. »

Aujourd'hui, une chapelle dédiée à Saint-Joseph
s'élève dans la prison de Mamertine ; elle est toujours remplie, dit M. Ampère, et tout est exact
dans le livre du célèbre académicien. Je ferai peu
d'emprunts à son beau livre, l'*Histoire romaine
dans Rome*, parce que c'est un de ces ouvrages
qu'il n'est pas permis d'ignorer et que tout le
monde aime à relire après l'avoir lu.

En parcourant le Forum, chaque ruine frappe
le regard et la pensée. Que d'érudition ont déployé

les savants pour comparer ce qui reste avec les
descriptions antiques, afin de pouvoir, en retrou-
vant un vieux monument, retrouver son vrai nom.
Il faudrait des volumes pour analyser toutes leurs
controverses. J'accepterai les solutions les plus
généralement adoptées ; j'admirerais fort les tou-
ristes, qui en courant, se donnent l'air de trancher
les questions les plus délicates, si je ne savais
à quelle source ils ont puisé leur science facile.

Il n'est pas une pierre qui n'éveille un souvenir
et ne semble nous parler encore de la grandeur
romaine. Les fragments de marbre blanc de Carrare, d'une si belle sculpture, sont les débris du
temple de la Concorde où le sénat se réunissait
pour venir entendre les orateurs du Forum ; voilà
cette ancienne tribune aux harangues où Cicéron
prononça ses catilinaires ; plus loin, sur ces rostres
nouveaux, fondés par César, il fit entendre les
Philippiques. J'admirai comme Byron ces lieux où
l'on entend l'écho de l'accent immortel, où l'air
nous embrase encore du feu qui animait le plus
grand orateur de Rome (1). Ces trois belles colonnes
d'ordre corinthien étaient regardées jadis comme
un reste du temple de Jupiter tonnant, tandis qu'on
prétend aujourd'hui qu'elles dépendaient d'un temple de Vespasien ; cette colonne isolée portait la

(1) The Forum, where the immortals accents glow.
And still the eloquent air breathe, burnstwith Cicero.

statue de l'empereur Phocas ; ces grandes colonnes, de 45 pieds de hauteur, dont les chapiteaux sont des chefs-d'œuvre de sculpture, firent partie du temple de Jupiter-Stator, ou du *Comitium*, ou du *Grécostas*, lieu de réception des ambassadeurs étrangers.

Les nombreuses églises qui bordent le *Campo vaccino* furent presque toutes des temples qui ornaient le Forum. Toutes méritent d'être visitées ; celle de *San Lorenzo in miranda* fut le temple d'Antonin et de Faustine ; celle de St-Cosme et de St-Damien, le temple de Rémus et de Romulus. De vastes ruines d'une basilique attirent les yeux ; c'était la basilique de Constantin qui avait 700 pieds de longueur, 200 de largeur et 70 de hauteur.

Que de monuments magnifiques réunis jadis dans cette antique place, la plus célèbre qu'il y ait jamais eu dans le monde ! Trois arcs-de-triomphe sont encore debout. L'un au pied du mont capitolin fut élevé en l'honneur de Septime Sevère, il est décoré de huit colonnes ; les bas-reliefs représentent les expéditions contre les Parthes ; l'autre à l'extrémité opposée de la place se dresse sur un point culminant de la voie sacrée, c'est l'arc de Titus. Il représente le vainqueur de Jérusalem, dans sa marche triomphale précédé de son armée, debout sur un char que Rome conduit, le front couronné par la Victoire, suivi des vaincus et de leurs dépouilles, telles que la table d'or, les vases sacrés, les trompettes d'argent et le candélabre aux sept

branches. Ces deux arcs sont d'un style bien diffé-
rent. Le plus ancien est le plus beau. L'art au
lieu de faire des progrès avait commencé à suivre
d'une manière rapide une marche retrograde.

Le troisième arc, celui de Constantin, tient des
deux. Les bas-reliefs inférieurs représentant les victoires de Constantin sont évidemment d'un goût
moins pur que celui des bas-reliefs supérieurs qui
accusent le style du temps de Trajan.

Si les hommes les plus sages de l'antiquité ont été
en butte aux plus violentes calomnies; si Aristide
a été condamné à l'exil, et Socrate à boire la
cigue, les monstres les plus odieux ont joui souvent
de la plus grande popularité et presque toujours
des plus grands honneurs. Il n'est donc pas étonnant
que la plus gigantesque statue ait été élevée à
l'Empereur Néron! Elle n'avait pas moins de 120
pieds de hauteur, elle était en bronze, et lorsque
Adrien dont elle gênait la vue voulut la faire
transporter ailleurs, il fallut pour la traîner la
force de 42 éléphants! Je me suis assis sur son
piédestal qui existe encore. Cette statue colossale
œuvre d'un artiste gallo-romain a légué son nom
de Colosse, par corruption *Colysée* à l'amphithéâtre
élevé près d'elle par Vespasien et Titus.

Le Colysée! quel intérêt puissant s'attache à ce
monument immense comme œuvre d'art, comme
lieu rempli de souvenirs! Plus on étudie ces grandes
ruines, plus on est frappé de leurs proportions
gigantesques et magnifiques. Sur ces gradins 87,000

spectateurs pouvaient s'asseoir, la terrasse était
occupée par 20,000 personnes et des nuées d'esclaves se pressaient aux étages supérieurs. Je vous
ai souvent fait la description archéologique de
quelque petite chapelle ignorée, je ne vous ferai
pas celle du Colysée, son image est partout.

Les juifs captifs des Pharaons travaillèrent aux
Pyramides ; les juifs captifs de Titus édifièrent le
Colysée. Le monument le plus grandiose élevé par
les Romains fut un monument consacré à des
jeux cruels, et à leurs plus mauvais instincts de
férocité. Cette arène si vaste qui dans les fêtes
seules de l'inauguration vit couler le sang de cinq
mille animaux sauvages mêlé à celui de 10,000
prisonniers égorgés pour faire plaisir aux spectateurs, cette arène a été témoin des scènes dra-
matiques les plus abominables et les plus sublimes.

Tandis qu'un peuple sanguinaire aimait à se
repaître de l'agonie pleine de grâce du gladiateur,
des hurlements plaintifs des bêtes cruellement bles-
sées, et des gémissements d'innocentes victimes dé-
chirées par les tigres, de nobles martyrs, sans
rechercher la mort et sans la craindre, s'avançaient
les yeux vers le Ciel, et mouraient en murmu-
rant une dernière prière pour leurs bourreaux !
Tandis que le mépris de la vie humaine était
poussé jusqu'à la férocité chez les descendants
de Romulus le fratricide, une vertu nouvelle
s'élevait jusqu'au plus sublime héroïsme parmi
les disciples de l'Homme-Dieu, la Charité? Qua-

torze petits oratoires érigés dans l'arène arrosée
par le sang de tant de martyrs, sont procession-
nellement visitées par des congrégations tous les
vendredis, et l'amphithéâtre Flavien qui retentit
jadis de tant de cris féroces n'est plus l'écho que
de saints cantiques.

Je ne vous mènerai pas avec moi à la recherche
des vestiges de tous les anciens *fora* de Rome :
Forum transitorium, aujourd'hui le *Colonacce*, à
cause des magnifiques colonnes restées debout ;
Forum olitorium marché aux herbages ; *Forum
boarium*, lieu de réunion des marchands près de
Janus Quadrifons ou arc à quatre faces ; *Forum* de
César, *Forum* d'Auguste, où trois colonnes soutiennent encore une architrave d'un beau style. Arrê-
tons-nous au *Forum* d'Antonin et à celui de Trajan.
Le premier forme aujourd'hui une des plus jolies
places de Rome, la place Colonna ; c'est là que
s'élève la colonne érigée en l'honneur de Marc-
Aurèle, colonne composée de 28 blocs de marbre
blanc, ornée extérieurement de bas-reliefs et ren-
fermant un escalier intérieur de 190 marches.

La place Trajane n'est plus comme autrefois la plus
belle de Rome lorsqu'elle possédait un portique
avec des statues, un beau temple, et la célèbre
bibliothèque ulpienne ; sa magnifique colonne est
seule toujours debout. C'est un des chefs-d'œuvres
de l'art antique. Le fût est composé de 23 blocs de
marbre blanc de Carrare et le chapiteau d'une seule
pièce. Un bas-relief en spirale, beaucoup moins

saillant mais d'un style plus pur que celui de la
colonne Antonine, représente les expéditions contre
les Daces et fait 23 fois le tour de la colonne Trajane.
Les 2,500 figures qu'il reproduit ont deux pieds de
hauteur chacune ; on a dit avec raison que c'était le
portrait le plus ressemblant que les Romains nous
eussent laissé de leurs ennemis et d'eux-mêmes. Les
restes de l'Empereur furent déposés sous le piédestal. Le sol a été profondément creusé autour du
monument pour en dégager la base enfouie, et de
nombreuses colonnes à demi brisées sont ressorties
de la terre. Les statues de St-Pierre et de St-Paul
ont remplacé sur le sommet des deux colossales
colonnes, celles de Trajan et de Marc-Aurèle.

Les nombreuses places de Rome sont admirablement ornées de fontaines nouvelles et d'obélisques
anciens. Douze obélisques ont été transportés
d'Egypte par les empereurs et relevés par les Papes.
Quelques-uns sont âgés de plus de 33 siècles. Ils
varient de hauteur. Celui de la place de Latran a
33 mètres, sans compter la base ni le couronnement ; celui de la place del Popolo, 24 mètres 66 c.;
celui de la place du Vatican, 20 mètres 66 c.

Les temples antiques étaient nombreux et magnifiques. Les chrétiens les ont conservés en les
consacrant à leur culte. Le temple de la Fortune
virile, fondé, dit-on, par Servius Tullius, et remarquable par la hauteur et la beauté de ses colonnes ioniques, est aujourd'hui l'église de Ste-
Marie l'Egyptienne. Le temple de Vesta, renommé

par son portique circulaire de colonnes corinthiennes,
est la chapelle de Santa-Maria del Sole. Le temple
de Cérès et de Minerve, orné de colonnes du temps
de Tibère, est devenu *Santa-Maria in Cosmedin.*

Le plus beau temple qui nous soit resté de l'antiquité romaine, est sans contredit le Panthéon,
fondé par Agrippa, 26 ans avant la naissance de
Jésus-Christ. J'en connaissais d'avance la description et l'image, les inscriptions antiques, la forme
de rotonde, la coupole hardiment jetée dans le
vide. En pénétrant dans ce sanctuaire, éclairé par
la lumière qui tombe d'une ouverture pratiquée
à la voûte; la réalité a dépassé l'idée que mon
imagination s'était faite des beautés de l'architecture
du temps d'Auguste. Dans l'intérieur de cette église
circulaire sont rangés 8 autels qui occupent la place
de niches anciennes *œdiculœ*, ornées d'un fronton
soutenu par des colonnes d'un marbre jaune très-
précieux. Le pavé est de marbre et de porphyre.
Aux souvenirs anciens se mêlent des souvenirs plus
récents. Là reposent dans leurs tombes monumentales Raphaël avec sa fiancée; Annibal Carrache et
d'autres peintres illustres semblent avoir voulu se
presser autour de lui dans sa demeure dernière.

Après les temples, visitons les palais des anciens
maîtres du monde. Le nom de palais *Palatium*,
vient sans doute du mont Palatin qu'Auguste et
Tibère choisirent pour leur habitation. Là, sur les
voûtes des anciennes constructions enfouies, s'é-
tendaient les jardins farnésiens où naguère la charrue

se promenait encore. L'Empereur des Français vient d'acheter au roi de Naples pour 50,000 écus romains (267,500 fr.), l'ancien palais des Césars. Muni d'un billet délivré à l'ambassade de France, j'ai assisté aux fouilles commencées en ces lieux célèbres.

Ces fouilles, dirigées par un savant archéologue M. Pietro Santa, ont pour but non seulement de découvrir des objets d'art mais de rechercher et de remettre au jour tout ce qui peut rester encore de monuments antiques sur cette fameuse colline que les anciens regardaient comme le berceau de Rome. L'histoire des déblaiemens opérés depuis le 4 novembre 1861 jusqu'à ce jour serait déjà longue à écrire ; on a déjà découvert des ruines grandioses, des colonnes de granit d'un mètre de diamètre, une fontaine monumentale en marbre blanc, des sculptures d'un beau travail, des statues malheureusement mutilées de Vénus et de l'Amour ailé. On ne désespère pas, après avoir retrouvé le palais des premiers Empereurs de retrouver quelques vestiges des constructions des premiers rois et le *Tugurium Faustuli.*

Les palais qui avaient suffi à Auguste, à Tibère et à Caligula ne suffirent plus à Néron, à qui convenait le faste extravagant des bâtiments gigantesques surchargés d'ornements. J'ai vu les ruines de la maison dorée, qui, d'après Pline renfermait au centre de Rome une immense étendue et déployait un luxe inouï. Titus appropria ce palais à des thermes ; à l'aide de torches il me fut possible

2

de retrouver sous les voutes élevées des corridors
sombres et des vastes salles, des restes d'admirables fresques. On dit qu'elles ont inspiré à Raphaël
les loges du Vatican ; on ajoute encore que de
dépit de n'avoir pu atteindre à la perfection du
modèle, il le mutila pour rendre impossible toute
comparaison entre son œuvre et l'œuvre antique.
Je ne le crois pas. Il est naturel de calomnier
le génie, mais le génie est ordinairement au-dessus
des sentiments d'envie et de jalousie qui gagnent
si facilement les esprits vulgaires. Dans les ruines
célèbres qui rappellent Néron et Titus, j'aurai voulu
retrouver quelque chose qui rappelât Mécène et
Horace dont les deux tombes furent placées en
ces lieux à côté l'une de l'autre.

Vous avez lu de brillantes descriptions de la
magnificence des Thermes romains. Ce qui reste
de ces grandioses monuments dépasse toute idée.
Les empereurs pour flatter le peuple construisaient
des bains publics splendides. Les bains étaient nécessaires dans ces temps où le beau linge et les
bonnes chaussures étaient rares, dans un pays où souvent les chaleurs étaient excessives. Les anciens
eux-mêmes ne savaient assez admirer l'immensité
et le nombre de ces établissements à Rome ; *admi-*
randa est eorum amplitudo et numerus disait
Ammien, et il avait raison. Les thermes de Titus,
de Dioclétien et de Caracalla me saisissaient d'admiration. Les thermes de Dioclétien étaient immenses. Trois mille deux cents baigneurs pouvaient

s'y baigner en même temps ; 40,000 chrétiens
furent employés à les bâtir. L'espace occupé par
ces thermes a suffi pour y construire deux places
publiques et deux monastères avec de vastes dé-
pendances. Une salle seule a suffi pour y élever
une des plus belles églises de Rome *Maria Degli
Angeli*, qui conserve comme son plus précieux
ornement huit belles colonnes de granit d'un seul
morceau , conservées et utilisées en place par
Michel Ange. Qu'ils devaient être splendides ces
thermes où Dioclétien avait transporté la bibliothèque Ulpienne et réuni tant de merveilles que
les auteurs anciens ne savent assez les vanter. Il
n'y a pas·trois siècles qu'on retirait de ces ruines
plus de 200 belles colonnes de marbre.

Les thermes de Caracalla sont mieux conservés
et m'étonnèrent plus encore. Il reste assez de constructions debout et assez d'objets d'art conservés
dans les musées d'Italie pour reconstruire ce monument par la. pensée. Je croyais voir les 4,600
sièges de marbre et de porphyre dont parle Apollo-
dore, les baignoires en granit ou en bazalte fixées
sur le sol ou se balançant dans l'air. Je me repré-
sentais 3,000 personnes se baignant à la fois ; des
savants assis sur les exèdres pour consulter les
livres de la vaste bibliothèque ; les élégants parlant
de choses légères sous les riches portiques ; les
acteurs jouant d'un côté des scènes comiques ; les
gladiateurs d'un autre côté jouant des tragédies
vivantes ; les artistes étudiant les beaux tableaux

aujourd'hui perdus et les magnifiques statues que j'ai pu encore admirer, la Vénus Callipyge, la Flore, l'Hercule et le taureau Farnèse.

Ce qui m'a aussi surtout étonné ce sont les aqueducs qui se dressent au loin dans la campagne de Rome, qui semblent suivre le voyageur, percent les montagnes, mettent les salles au niveau, se transforment en ponts sur les fleuves, en arcs-de-triomphe sur les villes et en arrivant à Rome se décorent de frontons et de pilastres comme à la porte de St-Laurent. Mon admiration ne trouvait rien d'exagéré à celle de Pline qui s'écriait qu'on devait convenir qu'il n'y avait rien de plus étonnant dans l'univers entier. *Fatebitur nihil magis mirandum fuisse in toto orbe terrarum* (l. xxxvi c. 24.)

Les aqueducs datent des premiers temps de Rome, Procope en comptait 14. On a calculé que l'eau potable transportée d'une distance de 167 lieues égalait au moins le volume des eaux de la Seine ! Aujourd'hui encore quel luxe de fontaines. On raconte qu'une noble Reine émerveillée à l'aspect des deux fontaines de la place St-Pierre, qui lançaient à 20 pieds de hauteur de véritables torrents, crut que c'était en son honneur qu'on faisait jouer les grandes eaux, comme à Versailles dans les fêtes solennelles ; elle pria de cesser ce spectacle coûteux et fut fort étonnée d'apprendre qu'il se renouvelait sans fin la nuit comme le jour.

Les Romains étendaient aux tombeaux le luxe architectural qu'ils déployaient dans tous leurs monuments. Ils les construisaient en général hors de la ville, le long des grands chemins, notamment aux bords de la voie Appienne, si-bien conservée quoiqu'elle soit antérieure de 312 ans à la venue de Jésus-Christ.

Il reste encore des ruines de plusieurs mausolées célèbres, tels que celui d'Auguste où fut inhumé le jeune Marcellus; de celui de Bibulus qui date du temps de la République; de celui de Caïus Sextus qui affecte la forme pyramidale des Egyptiens.

Le plus magnifique monument funèbre qui nous soit resté de l'antiquité romaine, c'est sans contredit celui d'Adrien, autrefois *moles Adriana*, aujourd'hui le château St-Ange. Ce nom lui est venu d'un ange en bronze dont Benoit XIV avait couronné le sommet de la terrasse. La vaste tombe changée en forteresse, est encore un château-fort occupé par nos soldats. Déjà en 1499 Alexandre VI avait mis le fort en communication avec le Vatican par une longue galerie, jetée au-dessus des rues, et par laquelle Pie IX passe souvent pour venir faire visite à nos troupes. De magnifiques statues ornaient l'entablement du mausolée au VI° siècle; les grecs les lancèrent sur l'armée de Vitigès qui les assiégeaient; celles qui sont restées font vivement regretter celles qui ont été perdues. On conserve au Vatican la tête colossale d'Adrien. Le soubassement de l'édifice est massif. Ce monument est construit dans des proportions si vastes qu'on arrive à cheval à la première plate-forme.

Que de souvenirs il rappelle comme tombeau, comme forteresse, comme-prison ! Dans ce mausolée gigantesque, les cendres d'Adrien et de plusieurs Empereurs ne trouvèrent pas le repos qu'elles auraient trouvé dans une tombe plus modeste. La demeure des morts fut violée par la guerre et souvent par le crime. Dans cette forteresse combien de Papes ont cherché asile, comme Clément VII assiégé par le connétable de Bourbon.

On montre encore les fourneaux où se fondait le plomb qu'on jetait du haut des creneaux sur l'ennemi. Dans cette forteresse était déposé le coffre contenant le trésor pontifical ; ce coffre est vide.

Le Pape aujourd'hui n'a plus de richesses à garder ; celles qu'il possède ne lui seront pas enlevées par les traîtres, elles sont inépuisables comme les sentiments de respect et d'amour qu'il inspire à tous les vrais catholiques.

Comme prison, le fort St-Ange renferme de lamentables souvenirs ; jamais asile de paix pour les morts ne fut plus rempli d'horreur pour les vivants. Là dans des oubliettes où l'on descendait les prisonniers par un trou pratiqué à la voûte, oubliettes qui font encore frémir d'horreur, que de drames lamentables se sont accomplis ! C'est là que le cardinal Caraffa fut étranglé et le Pape Jean X étouffé. La salle où furent prononcées bien des condamnations mystérieuses est ornée de belles fresques de Pierino del Vaga. Dans un coin de la salle, on croit voir entrer un avocat, qui entr'ouvre la porte et qui semble dire : C'est trop tard. C'est le portrait de grandeur naturelle de Farinacci, défenseur de Béatrix Cenci. On sait qu'elle fut accusée d'avoir participé à la mort de son père. Il serait trop long de réviser ici ce procès où la victime était encore plus odieuse que ses meurtriers quels qu'ils fussent. La belle Béatrix est à Rome un héros légendaire. Le Guide en retraçant avec amour ses traits a contribué à l'immortaliser. On indique avec respect au Fort St-Ange les lieux où elle fut jugée, enfermée et exécutée.

L'hypogée de la famille des Scipions est taillée dans les flancs d'une petite colline près de la voie Appia. A peine reste-t-il quelques débris des colonnes engagées qui en décoraient l'entrée. Je descendis dans la profondeur du caveau éclairé par des torches ; je n'y aperçus que des inscriptions copiées, et je regrettai de ne plus y retrouver en place les beaux sarcophages tant admirés au Musée du Vatican. Le dernier siècle encore, Scipion Barbatus reposait dans sa tombe de marbre rehaussée d'ornements doriques, et couverte d'une inscription reproduite partout. Le squelette était presque entier; à l'un des doigts brillait une bague que Pie VI donna à lord Algermon Percy, bague conservée aujourd'hui par le comte de Beverley.

Sur cette belle voie Appienne, qui était pavée, dans un parcours de plus de 217 kil., en dalles de lave basaltique et qui s'étendait à 88 lieues, que de tombes on a découvert et combien d'autres restent

sans doute à découvrir ! Cicéron parle dans ses
Tusculanes des tombeaux de Calatinus, des Scipions
et de Metellus. Celui de Calatinus n'a pas été retrouvé.
Celui de Metellus est le plus considérable de ceux
qui bordent la route. Ses murs ont 11 mètres 36
d'épaisseur. Le cercueil de Cecilia Metella était remarquable par des baguettes en cannelures ondulées.
Au moyen âge, les colonnes qui environnaient
la coupole, furent remplacées par des créneaux, et
le mausolée de Metellus, comme celui d'Adrien,
fut transformé en château fort.

Tandis que les Romains considérables recher-
chaient pour eux le luxe des monuments funéraires,
ils élevaient pour leurs esclaves et les affranchis,
ce qu'ils appelaient des *columbaria*, vastes salles
dont les murs offraient des niches cintrées, ana-
logues à celles où les pigeons font leurs nids. Ces
niches, symétriquement rangées, formaient plusieurs
étages et contenaient les urnes cinéraires.

Les plus beaux colombaires que j'ai vu sont
presque à l'entrée de la voie nécropolitaine d'Appius.
On les trouve dans une belle vigne et ils sont à
peu de distance l'un de l'autre. Le Cicerone m'as-
sura que c'étaient les tombes de César et de Pompée.
Il aurait dû dire des serfs et affranchis de leurs
maisons. On y descend par un escalier étroit, et
dans deux vastes salles bien éclairées on voit les
urnes rangées deux par deux, dans leurs petites
cellules; le nombre en est très-considérable. Les
niches sont quelquefois vides et quelquefois con-

servent leurs inscriptions. Chez les Romains comme de nos jours, les épitaphes les plus pompeuses sont faites pour attirer l'attention sur les noms qui ne disent rien par eux-mêmes. Celle de Charlemagne, que j'ai vue à Aix-la-Chapelle, ne porte que les deux mots : *Carolo magno.*

II.

LES CATACOMBES.

Cher collègue, si les sépultures payennes de Rome
m'ont parfois étonné par leur magnificence, vous
comprendrez que les antiques sépultures chrétiennes m'ont encore plus vivement intéressé par
leurs souvenirs. Rien de plus touchant, rien de plus
curieux que de rechercher les traces des premiers
saints et des premiers artistes du christianisme,
à travers des millions de tombes au milieu des-
quelles notre Religion avait caché son berceau.
Je suis assuré d'avance que vous m'excuserez de
vous parler assez longuement des Catacombes. Les
beaux ouvrages publiés sur ce sujet ne sont pas à
la portée de toutes les bourses : celui de M. Perret
coûte 1,300 fr. Vous avez lu dernièrement un article très-remarquable de M. de Rémusat ; je n'aurais pas osé me mesurer avec cet éminent écrivain
si j'avais dû suivre le même cours d'idées, mais
j'ai tout étudié à un autre point de vue, au point
de vue catholique. Il n'a parcouru que le cimetière

de St-Agnès, j'ai parcouru celui de St-Calixte, qui
est sans contredit le plus étendu et le plus im-
portant. Il ne cite que les écrits du chevalier de
Rossi, je pourrai citer ses paroles, car j'ai eu la
rare fortune de l'avoir pour guide dans les Catacombes, dont il possède la science plus que personne au monde.

M. de Rossi, qui a été chargé par Pie IX de la
publication des inscriptions chrétiennes antérieures
au VIIe siècle, est un des savants les plus érudits
et les plus aimables que j'aie jamais rencontrés. Je
partis seul avec lui; nous prîmes de petites bougies,
cerini, qui suffirent pour nous éclairer dans ces
sombres solitudes dont il connaît si bien le secret.
A peu de distance de la porte de la ville, sur la
voie Appienne, M. de Rossi fit arrêter notre voiture.
Il ouvrit une petite porte qui conduisait dans une
vigne, où je n'aperçus aucun de ces *custodes* ou
gardiens qui montrent les curiosités de Rome avec
un zèle fort peu désintéressé. Nous descendîmes
brusquement par un escalier très-raide à une grande
profondeur. Là s'ouvrirent devant moi ces labyrinthes obscurs où des ombres éternelles couvrent,
d'un saint mystère, les tombes des premiers fidèles.
Je me rappelai les beaux vers de Delille. Je re-
connus bientôt qu'il n'avait pas vu les lieux et
que sa description n'était pas plus exacte que
l'histoire du jeune peintre égaré.

Des routes ténébreuses semblent se croiser en tout
sens dans cette nécropole immense. On calcule que la

longueur additionnée de toutes les rues des Catacombes de Rome serait de 380 lieues ! Les allées sont étroites. Des deux côtés sont creusées des tombes hori-
zontales de la dimension des corps qu'elles devaient
recevoir; ces tombes sont symétriquement rangées
comme des étagères les unes au-dessus des autres.
Les cercueils des enfants sont placés dans les
angles des rues. La plupart des tombes sont pour
une personne seule; quelques-unes, plus profondes, sont destinées à plusieurs ; on les nommait
bisomum , trisomum, quadrisomum, selon qu'elles
devaient recevoir deux, trois ou quatre cadavres.
Quelquefois une chambre entière ou *cubiculum* est
réservée à une seule famille. Enfin, on remarque
de loin en loin des mausolées consacrés à des saints;
ils sont voûtés et assez grands pour contenir plusieurs corps, on les nomme *arcosolia*. Les tombes
étaient fermées avec des dalles et scellées avec un
ciment assez fort pour empêcher les émanations
délétères. Quand elles sont ainsi scellées, il faut des
efforts violents pour briser ce ciment romain. Malheureusement, presque toutes sont ouvertes et vides.
Les pierres sépulcrales étaient tantôt anépigraphes,
tantôt avec des inscriptions et des sculptures. J'aurais voulu savoir le nombre des tombes découvertes; on les évalue à 7 millions. Un calcul exact,
me disait M. de Rossi, est assez difficile à faire,
parce que si la longueur des rues peut être mesurée,
les étages sont plus ou moins nombreux dans
les différents quartiers et varient de 4 à 13.

La première question qui s'offre à l'esprit, c'est de savoir quelle est l'origine de ces cimetières souterrains, et s'ils ont été creusés uniquement par des chrétiens pour les chrétiens. On croit généralement que ces excavations profondes ont eu pour but l'extraction des matériaux nécessaires à la construction de la ville éternelle. Les auteurs anciens ont parlé des arénaires. Asinius fut tué dans ces souterrains. Néron, poursuivi, reçut le conseil de s'y réfugier, mais il déclara qu'il n'irait jamais s'ensevelir vivant sous la terre. Les chrétiens proscrits et persécutés se seraient dénoncés eux-mêmes en creusant ces retraites pour s'y cacher ; le temps et les moyens leur auraient manqué pour de si gigantesques travaux.

Après avoir étudié les lieux et écouté M. de Rossi, je suis resté convaincu que les objections que je viens de résumer n'étaient sérieuses que pour ceux qui raisonnent sur les Catacombes sans les avoir visitées.

L'arénaire, dont parlent les anciens auteurs, et comme il en existe encore, diffère essentiellement de la Catacombe. L'arénaire est ouverte aussi près que possible de la surface de la terre; l'accès en est facile. Elle s'étend dans la région où se trouvent les meilleurs matériaux, la pouzzolane ou le tuf lithoïde, et toujours l'exploitation a lieu avec une irrégularité extrême. La Catacombe, au contraire, recherche les profondeurs de la terre. L'accès en est caché ; on n'y pénètre que par des

escaliers étroits et raides. Elle ne s'étend que dans
le tuf granulaire , terrain peu propre à bâtir ,
parce qu'il n'est ni dur comme la pierre , ni friable
comme le sable. Enfin l'exploitation offre une ré-
gularité parfaite. Si dans ces labyrinthes souterrains on croit trouver quelque désordre, ce désordre est un effet de l'art. Les *Fossores* , quand
ils ouvraient une allée nouvelle, la déviaient au
besoin ou la coupaient pour tenir compte des en-
foncements plus ou moins profonds des cubicula
et des arcosolia qu'ils rencontraient. Les premiers
chrétiens ont pu profiter des arénaires pour y jeter
les déblais, mais ils ont choisi ailleurs leurs cimetières souterrains.

Joseph d'Arimathie avait enseveli Notre-Seigneur
dans un sépulcre neuf taillé dans le roc où personne n'avait été enseveli. Les chrétiens voulurent
imiter leur Dieu jusque dans ce mode de sépul-
ture. Les Romains avaient un grand respect pour
les morts, même pour ceux de leurs ennemis. Leur
persécution ne s'étendait pas au-delà de la vie. Dans
des peintures chrétiennes très-anciennes, notamment
dans celle du martyre de St-Hyppolyte, on représente les amis du saint recueillant ses membres
mutilés et épongeant le sang sur la poussière.

Les chrétiens ont eu à subir des persécutions
atroces mais non pas constantes. Leur nombre
s'accrut rapidement, et du temps de Tacite ils
envahissaient le sénat , l'armée et ne laissaient aux
payens que leurs temples et leurs théâtres. Ils creu-

sèrent leurs tombes une à une, et l'immensité de
ces excavations cesse d'étonner quand on songe
qu'elles furent l'œuvre de quatre siècles et de plusieurs millions d'hommes.

La virginité des catacombes m'intéressait et il
m'eut été pénible de penser qu'au milieu des reliques des plus illustres martyrs pouvaient se trouver
mêlés les restes de la plus vile plèbe jetée sans
honneur dans les arénaires. On a trouvé des
emblêmes payens dans ces cimetières antiques.
L'explication en est facile. La campagne de Rome
était semée de tombeaux brisés dans les guerres
civiles. Les chrétiens ne firent aucune difficulté
de se servir de ces dalles et de ces marbres. Ils
n'avaient pas non plus le choix des matériaux, lorsqu'un seul jour voyait mourir des milliers de
martyrs. Ils se contentaient de retourner à l'intérieur l'inscription ou l'image profane plus ou moins
précipitamment effacée, et sur la face extérieure ils
traçaient des caractères et des symboles chrétiens.
J'ai vu une de ces inscriptions reconstruite par
M. de Rossi avec un art merveilleux et un rare
savoir. On lisait dans les œuvres du Pape Damaze
une inscription où le saint Pontife exprimait son
désir d'être inhumé à côté des saints dont il énumère
les noms, mais pour ne pas troubler leurs cendres
il demandait de lui construire une petite chapelle
à part. J'ai vu cette chapelle et c'est à quelques
pas de l'autel, que l'on trouva des fragments
d'une pierre brisée. M. de Rossi avec une patience

qui tient du génie, recueillit les débris de marbre
au nombre de cent cinquante morceaux. Il les rap-
procha, les classa, assigna sa place à chaque lettre,
en suppléa quelques-unes qu'il colora en rouge pour
les distinguer des autres et parvint ainsi à la restauration complète d'une précieuse inscription en
très-beaux caractères damasiens. Cette inscription
n'est pas seule sur la ftable de marbre : au revers,
il y en a une autre bien différente, en l'honneur
de Caligula.

Je demandai à mon savant guide si des symboles
mythologiques ne se seraient pas glissés quelquefois
parmi des symboles chrétiens par l'ignorance de
l'artiste ou la force de l'habitude. Il me répondit :
L'artiste des Catacombes n'a jamais reproduit les
grands Dieux qu'adoraient les idolâtres, mais il
n'a pas hésité à adopter des personnages allégoriques qui pouvaient l'aider à exprimer ce qu'il
n'osait dire trop clairement. En employant ces
images connues, ils mettaient à l'abri des profa-
nations des Payens les mystères dont le sens n'était
révélé qu'aux Fidèles. J'étais étonné de voir au
milieu des reliques des martyrs la peinture d'Orphée
attirant au son de sa lyre les animaux, les arbres
et les rochers. Mon étonnement a cessé en lisant
les anciens auteurs qui ont voulu retrouver dans
Orphée une image de Jésus-Christ, qui aux divins
accents de sa parole adoucissait les cœurs endurcis,
ramenait les pécheurs et formait des peuples divers
un troupeau unique.

Les inscriptions sépulcrales des catacombes sont gravées sur la pierre ou simplement tracées avec de la couleur rouge ou noire; elles sont écrites en caractères grecs ou latins et quelquefois même avec les lettres mélangées des deux alphabets. Elles datent du Ier au Ve siècle. On en compte déjà plus de onze mille. En comparant les épitaphes des adorateurs du Christ avec celles des adorateurs des idoles on remarque surtout combien la séparation est sensible entre l'idée chrétienne et l'idée payenne. Un nouveau style révèle des sentiments nouveaux. Dans l'épitaphe payenne, le défunt a payé sa dette à la nature, *reddidit debitum*, *abreptus est*. Dans l'épitaphe chrétienne, il repose en paix : *dormit*, *requiescit*. Dans l'une, le mort est enseveli dans la tombe, *situs*, *conditus*; dans l'autre il est déposé , *depositus*, dans un lieu provisoire; *locus*, *loculus* est le nom donné au tombeau. C'est que si tout est fini pour le payen, le chrétien attend l'heure de la résurrection. Dans l'une, la douleur s'irrite contre les Dieux qui viennent de ravir un être bien-aimé ; dans l'autre, la résignation permet à peine à l'affligé l'expression *dolens*. Dans l'une, on retrouve fréquemment les mots d'esclave et d'affranchi *servus*, *libertus*; dans l'autre, disparaissent toutes les distinctions mondaines de naissance et de dignité devant l'égalité et la fraternité de l'évangile.

L'éloge des morts est simple et bref, on ne le loue point de la position qu'il a occupée sur la terre, mais des titres qu'il a acquis pour le ciel.

Il fut le fidèle serviteur de Dieu ; l'ami de tous, *amicus omnium* ; l'ami des pauvres, *amicus pauperum*. On vante l'union des époux qui ont vécu toujours d'accord *semper concordes, sine lesione animi, sine querelâ*. On vante la chasteté de la femme, la fidélité de la veuve à la mémoire de son mari, l'innocence enfin du jeune âge. Rien de touchant comme les expressions de tendresse prodiguées à ces jeunes âmes rappelées par le Seigneur, avant d'avoir connu le mal : *anima dulcis et innocens ; parvulus innocens ; agnellus Dci, agnella innocens, colomba sine felle*.

Tous les ordres de la hiérarchie ecclésiastique sont soigneusement indiqués sur les pierres tombales et lorsque Calvin disait : quel est le monument de l'antiquité chrétienne qui ait jamais parlé de vos exorcistes ? Il ne se doutait pas qu'on pourrait un jour lui répondre avec une pierre trouvée à St-Calixte et portant : *Paul, exorciste, près des martyrs*. Les *fossores* consacraient leur vie à la construction et à l'entretien des tombes souterraines. Ils devaient appartenir à une corporation religieuse ou aux rangs inférieurs du clergé ; on les représentait avec leurs costumes et les instruments de leur travail. Plusieurs inscriptions parlent de néophytes, de catéchumènes, c'est-à-dire de ceux qui se préparaient à recevoir les sacrements. Le culte des morts se révèle surtout par de touchantes invocations. On sait que le mot paix, *pax* si souvent répété dans les catacombes a été l'objet de savantes dissertations ; on a contesté que les mots : *Suscipiatur in pace*, fussent pour les âmes un vœu de paix éternelle. Mais le doute est-il permis en présence de paroles aussi précises que celles-ci : « Seigneur, souviens-toi de lui pour l'éternité ! » « Puisse le Christ, Dieu tout-puissant rafraîchir ton âme dans le Christ. » « Seigneur ne laissez pas l'âme de notre mère séjourner dans les ténèbres ! » L'invocation aux saints en face des morts est nettement tracée sur plusieurs monuments. « Nous vous recommandons, ô St-Basile, notre fille Crescentia qui a vécu 10 mois et un jour. » « Je te recommande ô Basilia ! l'innocence de Gemelle. » Enfin plusieurs épitaphes en priant pour les morts, leur demandent en même temps des prières pour les vivants. « Puisses-tu vivre en paix et prier pour nous. Que ton esprit repose heureusement en Dieu et prie Dieu pour ta sœur. »

Au coin des rues souterraines, je remarquai sur les murs des noms et des phrases gravées au couteau par les pèlerins du Ve et du VIe siècle qui, venus de loin pour visiter les tombes des martyrs, voulaient laisser dans ces lieux un souvenir de leur nom ou une prière indiquant le but de leur voyage. Grâce à l'habileté paléographique de M. de Rossi, ces caractères anciens, souvent mal formés, n'eurent plus de mystère pour moi.

En entrant dans la Catacombe de St-Calixte, pape et martyre, une inscription fait appel à la piété des fidèles et leur apprend les grâces qu'ils peuvent espérer par les mérites de 174,000 martyrs et de 46 souverains pontifes qui reposent en paix dans les lieux qu'ils vont visiter. En continuant ma route souterraine, je m'arrêtai avec respect devant ces simples mots : A Saint Sixte. *Sancto Susto.*

Ces mots consacrent la place même où succomba ce saint Pontife. Il paraît donc que les païens, en respectant les morts dans les cimetières chrétiens, n'épargnaient pas les vivants qu'ils y trouvaient réfugiés. Une inscription m'a frappé : « Au temps de l'Empereur Adrien, Marius, dans la fleur de l'âge, officier de l'armée, qui vécut assez puisqu'il donna sa vie avec son sang pour Jésus-Christ, reposa enfin dans la paix. Ses amis, ses parents *dans les larmes et les frayeurs*, lui ont fait cette tombe le 6 des ides. » Ces mots, dans les larmes et les frayeurs, *cum lacrymis et metu*, disent assez que ce n'était pas sans danger durant les fortes persécutions que les chrétiens pouvaient ensevelir leurs morts dans les Catacombes.

M. de Rossi me fit visiter ensuite les salles qui gardent encore les pierres sépulcrales des saints Pontifes, Anthère, Fabien, Lucius et Eutichien. A côté de cette chambre des Papes, j'en vis une autre qui m'intéressa encore davantage. M. de Rossi ne me raconta pas tout, mais je puis heureusement suppléer aux lacunes d'une narration que sa modestie lui faisait abréger.

Ste-Cécile, cette noble et belle jeune fille, renom-

mée encore par son goût pour les arts autant que
par son héroïsme chrétien, est une des saintes
les plus vénérées à Rome et les plus populaires dans
le monde entier. Sa maison natale, aujourd'hui
transformée en une église, conserve encore ses
restes précieux. Pendant que Cécile uniquement occupée des choses du Ciel faisait vœu de virginité,
ses parens qui jouissaient d'une fortune considérable
lui choisirent pour époux un patricien jeune et distingué nommé Valérien. Cécile sut lui persuader
d'aller trouver un soir dans la catacombe de
St-Calixte un vénérable vieillard, le Pape St Urbain.
Valérien dont le noble cœur était accessible à toutes
les idées grandes et généreuses aperçut bientôt la
vérité; une seule nuit suffit pour l'instruire et le
baptiser. Lorsqu'il vint rejoindre sa belle fiancée, il
la trouva en prière, et pendant qu'il s'agenouillait
pour prier avec elle, la légende rapporte que des
anges les couronnèrent tous deux de fleurs blanches
et rouges, les lys de la' pureté et les roses du martyre. Valérien et Cécile trahirent leur foi par leurs
bonnes œuvres. Tous deux furent dénoncés; ils
refusèrent de sacrifier aux idoles, ils périrent. La
sainte était si aimée à Rome, qu'elle convertit ceux
qui venaient l'arrêter, et pour éviter un mouvement
populaire on la martyrisa dans sa propre maison.
Le Pape Urbain l'ensevelit de ses mains près de la
chambre de ses prédécesseurs et à son tour il fut
enseveli à côté d'elle. L'histoire du Pape Pascal rapporte qu'au IX° siècle il avait inutilement cherché

dans le cimetière de St-Calixte le corps de Ste-Cécile,
mais que dans la nuit, la Sainte lui apparut et lui
dit que lorsqu'il avait recueilli les reliques des
Papes, elle s'était trouvée assez près de lui pour lui
parler bouche à bouche *os ad os*. Pascal recom-
mença ses recherches, découvrit la tombe et en
transporta les reliques à Santa-Cecilia in Transtevere
où je les ai vues exposées à la vénération des
fidèles. Cette histoire ressemblait à une légende et
l'authenticité des reliques ne manqua pas d'être
contestée. M. de Rossi fit déblayer la catacombe
de St-Calixte vers les lieux où son érudition lui
avait appris que Ste-Cécile avait dû se trouver.
Bientôt il découvre les images de trois Saints avec
leurs noms : Policanus, Sebastianus et Cyrinus.
Ces noms lui étaient connus par un Itinéraire du
VIIe siècle qui désignait ces personnages comme
reposant dans la même chambre que Cécile. Enfin
deux grandes figures peintes sur les parois lui
prouvèrent l'exactitude de ses conjectures: c'était
St-Urbain en habits pontificaux, avec son nom ;
c'était Ste-Cécile dont on n'avait pas besoin de
retrouver le nom en toutes lettres, il était facile de
reconnaître cette noble dame romaine à la richesse
de son costume, de ses bracelets et de ses col-
liers. Je remarquai ces peintures avec une vive
et respectueuse curiosité. Près de là, j'observai
aussi une belle tête de Notre-Seigneur entourée de
rayons glorieux en forme de croix grecque.

M. de Rossi, en me conduisant dans ces sombres

galeries, me faisait remarquer celles qui étaient plus ou moins anciennes. Les plus nouvelles sont les mieux faites. Les ouvriers se perfectionnaient dans cette œuvre séculaire et souterraine. Les peintures au contraire sont moins belles à mesure qu'elles sont moins antiques. La décadence de l'art se fait sentir malgré les progrès du sentiment chrétien. Dans ces labyrinthes ténébreux on trouve de petites places, *areæ*, et de distance en distance des chapelles où l'on célébrait les saints mystères. Elles sont ordinairement placées sous les *luminaria*, ouvertures extérieures dont parle Saint-Jérôme, et qui existent encore. Elles communiquaient avec le dehors, mais s'il descendait peu de lumière dans ces profondeurs, il y descendait assez d'air pour changer et purifier celui qui circulait dans les étroites allées peuplées de tombes.

Rien dans les Catacombes n'indique un lieu de refuge ni surtout de défense. Rien n'annonce qu'elles ont pu servir d'habitation aux vivants. Quand Sixte y fut égorgé, il n'avait auprès de lui que quatre diacres. Aucune invasion de persécuteurs n'a laissé de traces dans ces cimetières respectés. Ces lugubres et souterraines demeures étaient un lieu d'asile pour les morts, une retraite pour célébrer en paix les saints mystères.

Il me semblait, dans la profonde obscurité de ces temples, assister à une de ces cérémonies d'autrefois, pleines d'une majestueuse solennité. Toutes

ces tombes s'éclairaient de leurs petites lampes :
Les essences les plus précieuses étaient répandues
sur ces pierres vénérées. Chacun en passant priait
devant le cercueil d'un être cher, qu'il avait avec
soin marqué par une inscription ou l'empreinte
d'une médaille ou d'un cachet. Dans ces lieux ténébreux, durant ces offices qui avaient lieu, souvent
la nuit, la séparation des sexes était rigoureuse-
ment observée. J'ai remarqué partout deux salles
distinctes dans chaque chapelle. Le Pontife s'as-
seyait sur son siège *cathedra*, d'où est venu le
mot cathédrale. Nos autels ont conservé la forme
des autels des catacombes qui n'étaient autre chose
que le tombeau d'un ou de plusieurs martyrs. Nos
cierges ne sont qu'une tradition des flambeaux
qui éclairaient les chapelles souterraines. Au devant de l'autel on trouve quelquefois les *transennes*,
espèce de balustrade ou de grillage en pierre, destiné à empêcher la foule de gêner le prêtre. J'ai
vu une de ces *transennes*, ornée de trois monogrammes du Christ.

Deux chapelles surtout fixèrent mon attention et
m'arrêtèrent quelques instants. Dans l'une j'observai deux *arcosolia* ou tombes voûtées, rapprochées
l'une de l'autre et destinées à recevoir cinq corps.
Ces cinq martyrs sont peints au-dessus, en prière,
les bras étendus et leur nom est ainsi inscrit sur
leur tête : *Dyonisos in pace, Procopi in pace,
Zoa in pace*, etc. Ces portraits sont ornés de peintures allégoriques, d'oiseaux, de fleurs, emblèmes

des joies du paradis, et d'un paon, emblème de l'immortalité. Ces images, comme un grand nombre d'images anciennes ont été ébréchées et coupées par le creusement de tombes nouvelles qu'on cherchait autant que possible à rapprocher de celles des martyrs.

La seconde chapelle est plus antique que celle dont je viens de parler, elle est plus enfoncée dans cette sombre nécropole, et plus intéressante encore ; ses vieilles peintures sont un peu endommagées par les tombes qui les envahissaient. M. de Rossi me donna lui-même l'explication de ces touchants tableaux. Au milieu, le Bon Pasteur, portant une brebis sur les épaules, représente Notre-Seigneur, à sa droite est placé un bouc image du pécheur et à sa gauche une brebis. De chaque côté, des disciples s'efforcent d'appeler le troupeau au bercail. D'un côté on voit une brebis s'approcher et une autre s'éloigner ; d'un autre côté, une brebis lève la tête en contemplant les oiseaux, emblème du ciel, tandis qu'une autre brebis la tête baissée broute l'herbe, emblème des biens terrestres. La rosée de la grâce tombe en abondance sur la brebis qui écoute, en moindre quantité sur celle qui mange, et laisse à sec la brebis qui s'en va.

M. de Rossi a trouvé dans un ancien auteur l'explication et le commentaire de ce sujet emprunté à des textes sacrés. Le pauvre est la brebis qui n'ayant rien à brouter dans ce monde n'a rien qui le détourne d'élever ses regards vers le ciel.

Le riche au contraire est la brebis qui tentée par l'abondance de l'herbe est toujours portée à incliner la tête vers la terre. Près du même arcosolium, je remarquai Moïse ôtant sa chaussure pour gravir la montagne, et Moïse frappant le rocher. M. de Rossi me fit observer que les deux Moïses avaient deux figures tout-à-fait différentes. L'un est le patriarche de l'ancien testament qui nous apprend à nous dépouiller des choses de la terre avant de nous rapprocher de Dieu. L'autre est le symbole de St-Pierre à qui fut confié le pouvoir de faire jaillir les eaux de la pénitence.

Dans les peintures des catacombes, le Seigneur est représenté avec la verge du commandement. Le prince des apôtres seul a droit de tenir cette verge et on ne la voit dans les mains de Moïse que lorsqu'il est pris pour Saint-Pierre.

Ces images symboliques des sacrements du Baptême et de la Pénitence sont complétés par le symbole de l'Eucharistie ; Jésus debout entre deux disciples multiplie les pains et les poissons. M. de Rossi me montrait la représentation antique de tous nos sacremens. L'eau jaillissant du ruisseau c'est le baptême, car Saint-Paul a dit que ce rocher était le Christ. Le coq est placé près de Saint-Pierre pour nous apprendre que c'est l'apôtre qui a péché, qui a reçu le pouvoir de ramener les pécheurs, et que celui qui a été confirmé sera chargé de confirmer les autres. On retrouve jusqu'aux anciens confessionnaux dans des sièges taillés dans le tuf, et une fresque représente un homme agenouillé devant un prêtre qui lui donne l'absolution.

Le poisson, aux yeux des premiers chrétiens, était considéré comme un symbole du Christ, car les cinq lettres du mot grec qui sert à le désigner sont les initiales de cinq mots qui signifient : *Jésus-Christ fils de Dieu sauveur.* Près de la tombe de Saint-Corneille, on voit un poisson chargé d'un panier contenant des pains et un calice avec du vin. Dans une autre chapelle très-ancienne, on retrouve plusieurs images de l'Eucha-ristie, notamment une table avec un pain et un poisson. Un prêtre les bénit et une femme se tient près de la table tendant les bras dans l'attitude de la prière. Si le sens de quelques-unes de ces peintures peut être discuté en les prenant isolément, leur ensemble a une signification difficile à nier.

En continuant notre route dans ces immenses souterrains, M. de Rossi me dit qu'ils avaient par-fois trois étages l'un au-dessous de l'autre. Ainsi ces demeures de la mort avaient plus ou moins de pro-fondeur comme nos maisons ont plus ou moins d'élévation. Dans les galeries, dans les salles ornées d'images et d'inscriptions, je fus frappé de voir que tout rappelait la paix et la charité, rien ne réveillait le souvenir du supplice des martyrs ni même de la Passion de Jésus-Christ.

Ce sont des colombes portant au bec la branche d'olivier avec le mot PAX; des arbres emblèmes

du paradis, des fleurs parure de la tombe selon les
mœurs romaines. A côté d'une maison qui s'écroule,
image de l'homme qui s'affaisse, s'élève le cyprès
image de l'âme qui s'élève au Ciel. On voit souvent
Jonas représenté. Trois jours après avoir été considéré comme perdu, il touchait la terre ferme,
évident symbole de la résurrection.

. Lorsque la persécution sévissait, l'Eglise, bonne
mère, ne s'occupait qu'à consoler ses enfants par de
douces images de résurrection et d'espérance. Lorsque l'heure du triomphe est venue, l'Eglise, au
contraire, s'est crue obligée de rappeler à ceux qui
pouvaient oublier leurs devoirs, les horribles tour-
ments que les martyrs n'avaient pas craint d'en-
durer pour rester fidèles à Dieu.

Les fresques des catacombes représentent souvent
des agapes, ou repas qui se célébraient dans certaines occasions solennelles, les funérailles, les fêtes
des martyrs, etc. Ces repas réunissaient à la même
table le riche et le pauvre. C'étaient l'égalité et la
fraternité mises en action. Autour d'une tombe on
voit représentés des convives assis et non couchés;
aux deux extrémités de la table deux femmes sont
debout avec ces deux inscriptions: *Irène, donne-moi
l'eau chaude. Agape', donne-moi de l'eau avec
du vin. Irèné* en grec veut dire *Paix* et *Agapê
Charité*.

La coupe des agapes et le calice de la messe
sont en verre, mais diffèrent essentiellement par la
gravure. Sur le saint calice, l'artiste grave des

emblêmes eucharistiques ; sur la coupe des repas, un nom, une parole d'amitié ou une prière.

Les catacombes furent très-vénérées et souvent visitées jusqu'au XII⁰ siècle. Les Papes en firent retirer les reliques précieuses, et les cimetières chrétiens finirent par être négligés et oubliés. Des éboulements pénétrèrent par les *luminaria*, et les comblèrent ainsi que les entrées dont les vieux escaliers disparurent. Des champs s'étendirent sur ces souterrains dont ils effacèrent les traces. C'est Pie IX qui a acheté la vigne qui couvrait l'entrée de St-Calixte. En travaillant cette vigne on trouva un fragment d'inscription. Quatre lettres suffirent au chevalier de Rossi pour reconnaître que cette pierre devait être celle de la tombe du pape Corneille. La découverte du reste de l'inscription confirma les conjectures du savant. Il connaissait si bien la topographie et l'histoire de Rome souterraine qu'il découvrit le tombeau même du saint Pontife ; J'ai vu l'image de ce martyr avec son nom en toutes lettres.

M. de Rossi retrouva une autre tombe longtemps cherchée, celle de St-Cyprien. La figure de ce saint revêtu d'habits pontificaux est accompagnée d'inscriptions qui ne laissent place à aucun doute. J'aurais voulu prendre moi-même dans une tombe ouverte un simple débris, mais M. de Rossi me prévint que c'était defendu sous peine d'excommunication. L'Eglise catholique en consacrant le respect des reliques veut que leur authenticité soit régulièrement constatée. Autrefois, un Pape refusait à une Impératrice de diviser les restes des saints. On ne distribuait à Rome que deux sortes de reliques, l'huile de la lampe allumée près de la tombe d'un saint et les *brandea* ou étoffes qui avaient couvert son corps.

Dans un vieux parchemin contenant l'énumération des reliques envoyées par St-Grégoire à Théodebude, reine des Lombards, on lit : *ex olio Sti Cornelii*. Près de la tombe du saint Pape, on remarque encore la tablette destinée à soutenir le vase plein d'huile et de mèches toujours allumées.

Ces petites lampes sépulcrales sont très-communes dans les musées. Elles servaient d'ornement aux tombeaux. Elles sont en terre cuite ; quelquefois très-simples, d'autrefois décorées d'images symboliques. Les lampes en bronze suspendues à de petites chaînes sont moins anciennes et beaucoup plus rares dans les catacombes.

Dans plusieurs tombeaux, on a recueilli de petites fioles en verre dont l'origine a occupé longtemps les savants. Après les avoir vues, je ne doutai pas qu'elles n'eussent servi à recueillir le précieux sang des martyrs. Il était facile de les distinguer des cassolettes en verre ordinairement accompagnées d'une cuiller à parfum. *L'ampolla di sangue*, l'ampoule des martyrs, était encore rougie par le sang qu'elle avait contenu. Le St-Père qui s'occupe personnellement de tout ce qui tient au progrès

de l'archéologie chrétienne a soumis à l'examen
des hommes les plus éclairés l'intéressante question
de savoir si ces fioles devaient être considérées
comme un signe du martyre. La question a été
résolue affirmativement après une longue discussion
à laquelle ont pris part sept cardinaux et plusieurs
archéologues. Le Pape vient ces jours-ci de confirmer cette décision, qui sera acceptée par le
monde savant aussi bien que par les fidèles.

Si l'image du crucifix ne se trouve nulle part
dans les catacombes, le monogramme du Christ est
partout. Je regrette de ne pouvoir le reproduire
ici. M. de Rossi m'a dessiné tous les monogrammes
connus. Ils diffèrent de ceux que j'ai remarqués
dans les églises romanes des Pyrénées. Dans les
catacombes une espèce de croix est formée par le
X et le P, les deux premières lettres de Christos,
en grec. Dans nos églises, la dernière lettre S
se retrouve toujours. Sur la porte d'une ancienne
chapelle à Bagnères, le Chrisme est ornementé et
entouré d'une auréole.

La Vierge est représentée non comme une femme
du peuple, mais comme une reine; non comme une
divinité qu'on adore, mais comme une mère, les
bras étendus, priant un fils pour ceux qui ont re-
cours à son intercession.

J'avais lu le passage de Saint-Jérôme qui raconte
que, pendant son enfance, il allait tous les diman-
ches visiter les tombeaux des martyrs dans les
catacombes de St-Calixte qui lui rappelaient ce vers

de Virgile : « partout l'obscurité profonde et le silence même épouvante l'imagination »

Horror ubique animos simul ipsa silentia terrent.

Ce frisson d'effroi dont parle Saint-Jérôme s'effaça bientôt devant l'imposante majesté de ces mystérieuses demeures où reposent tant de saints dont les noms sont connus de Dieu seul. Les explications de M. de Rossi attiraient mes yeux et mes pensées sur des sujets si intéressants que je me retrouvai sans m'en douter au pied de l'escalier qui devait me rendre à la lumière.

III.

ROME EN 1864.

Je ne pourrais vous rien apprendre sur la grandeur et la décadence des Romains, aussi je passe sans transition de Rome antique à Rome actuelle.

Avant d'étudier une ville dans ses détails, j'aime à la voir dans son ensemble; je suis monté au haut du Fort St-Ange et au haut de l'Observatoire pour jouir du panorama de la capitale des Césars et des Papes.

L'Observatoire me rappelle un de mes meilleurs souvenirs. Son directeur, le P. Secchi, est un de nos astronomes modernes les plus avancés. Un membre de l'Institut de France me disait que dans plusieurs luttes scientifiques soutenues par le P. Secchi contre notre illustre Arago, l'avantage était resté au modeste Jésuite. Si j'avais comme lui le don d'expliquer de la manière la plus claire et la plus intéressante les phénomènes célestes; après vous avoir conduit dans les profondeurs de la terre, j'aurais refait avec vous la promenade que le savant romain m'a fait faire dans les régions du firmament. Mais des hauteurs de l'Observatoire où

5

je vous conduis par la pensée, au lieu d'élever les
yeux vers les_astres, abaissons-les sur la ville.

Je pourrais dire avec Martial : « C'est d'ici qu'on
» peut distinguer les sept collines dominatrices
» du monde et apprécier Rome tout entière. » (1)
L'ancienne ville s'est déplacée un peu en se rapprochant du Tibre, et les quartiers jadis les plus
recherchés, sont aujourd'hui les plus abandonnés.
Au lieu des sept fameuses collines, j'en découvrais
une dizaine, sans compter des éminences artifi-
cielles. Ainsi le *Monte testaccio*, qui n'a pas moins
de 4,500 pieds de circonférence et de 160 pieds
d'élévation, est formé comme son nom l'indique,
testa (tesson), de débris de poteries, d'amphores,
de jarres, de statuettes brisées, dont les Ediles
avaient ordonné le dépôt en ces lieux pour empêcher d'obstruer le cours du fleuve.

Je ne sais si les monuments modernes ne sont
pas aussi intéressants à Rome que les monuments
antiques. Ce ne sont pas les Barbares qui ont fait
toutes les ruines qui nous attristent; ils n'en eurent
pas le temps. Les Romains eux-mêmes ont souvent
démoli les constructions anciennes pour bâtir leurs
constructions actuelles.

S'il ne reste guère de la ville des consuls et des
Césars que des ruines magnifiques, la ville des
papes est la plus riche du monde en édifices religieux, en galeries, en musées, en palais.

_____

(1) *Hinc septem dominos videre montes,*
    Et totam licet æstimare Romam. (L. 4. 64.)

. Les églises sont si nombreuses qu'il est difficile de les compter. Il en est peu qui n'ait un chef-d'œuvre antique, une relique ou un tableau du plus grand intérêt.

La basilique de Saint-Pierre est sans contredit le plus beau monument que l'homme ait jamais élevé en l'honneur de la divinité. Au lieu même où le prince des apôtres subit le martyre, son successeur Saint-Anaclet éleva un oratoire; Constantin plus tard transforma cette simple chapelle en magnifique basilique qui dura onze siècles. Celle qui l'a remplacée a coûté plus de 300 millions, c'est l'œuvre des Bramante, des Michel Ange et des Raphaël. Elle est sans cesse entretenue avec un soin minutieux par des familles d'ouvriers, nommés *San Petrini*, qui vivent et meurent dans l'église même dont la conservation leur est confiée de génération en génération. Devant l'auguste basilique s'étend une place elliptique qui a immortalisé le Bernin ; elle est composée de quatre rangs de colonnes colossales formant trois allées. Plusieurs voitures peuvent passer de front dans celle du milieu ; 192 statues de saints couronnent l'entablement. Au centre de la place, s'élèvent un magnifique obélisque et deux fontaines monumentales. Elles lancent nuit et jour, à 20 pieds de hauteur, des jets d'eau qui ressemblent à des torrents. La coupole jetée dans les airs n'est dépassée en hauteur que par la flèche de Strasbourg et les pyramides d'Egypte. Dix coupoles moins élevées l'entourent. Après avoir gravi

l'escalier à trois rampes, et admiré les statues colossales de Saint-Pierre et de Saint-Paul, je pénétrai
dans un vaste et somptueux portique où sont
érigées les statues équestres de Constantin et de
Charlemagne. Parmi les cinq grandes portes de
l'église, je remarquai la *Porta-Santa*, toujours
murée si ce n'est à l'époque des Jubilés.

Me voilà enfin dans l'intérieur de cet édifice si
célèbre et si vénéré. Il me parut magnifique, mais
rien ne me donnait l'idée exacte de son immensité
à cause de l'admirable harmonie des détails. Les
anges en marbre blanc qui soutiennent le bénitier
paraissent très petits ; ce sont des statues colossales.
Tout à l'extérieur comme à l'intérieur trompe l'œil
sur les vraies proportions. Le génie de l'homme
ne doit-il pas chercher à faire paraître ce qui est
grand plus grand encore, au lieu de le faire paraître plus petit que la réalité ? La modestie dans
l'art n'est-elle pas une imperfection plutôt qu'une
qualité ? Je me rappelai nos vieilles cathédrales
gothiques si imposantes par leur immensité souvent
plus apparente que réelle. Je les admirais, mais
je ne pouvais blâmer les architectes de St-Pierre.
On fait bien en général d'aider une œuvre humaine
à se déployer dans toute sa grandeur; mais quand
cette grandeur est d'une incomparable magnificence,
n'est-ce pas une merveille de l'art que de laisser
le plaisir de découvrir une à une des beautés qu'on
ne semble avoir voulu cacher que pour les faire
apprécier davantage ?

A mesure que mes regards parcouraient la sainte Basilique, qu'ils s'élevaient des marbres précieux d'un pavé resplendissant aux peintures de la coupole, haute de 420 pieds ; à mesure qu'ils interrogeaient chaque chapelle, chaque tombeau, chaque chef-d'œuvre de sculpture et de mosaïque, mon admiration grandissait, et si j'avais été plus impressionné au premier coup-d'œil, peut-être aurai-je été moins saisi d'étonnement après l'examen attentif de tant de merveilles. Comment vous parler des 389 statues et des 748 colonnes qui décorent l'édifice ; des tombeaux des rois et des papes qui ornent son enceinte et qui sont si renommés au double point de vue de l'art et des souvenirs ? Une statue en bronze de St-Pierre assis, est depuis des siècles l'objet de la vénération des fidèles. Vous en avez vu chez moi une réduction exacte bénie par le Pape. Vous pensez comme moi qu'elle est du IVe siècle ; et vous rejetez également les opinions des archéologues romains qui ont voulu la vieillir en y voyant une statue de Jupiter et celle de M. Didron, qui dernièrement a voulu la rajeunir en y voyant une statue du moyen-âge. La chaire en bois du Prince des Apôtres est conservée dans une chaire en bronze, trône monumental de ses successeurs. On sait que le Pape seul peut officier à l'autel papal, placé vis-à-vis la porte, parce que le Pape en disant la messe ne se retourne jamais et se trouve toujours en face de l'assemblée. Le Baldaquin qui surmonte l'autel

est fait avec des bronzes de l'antique Panthéon et
il est décoré de dorures. Au-dessous même de l'autel
est placée la *Confession* de St-Pierre, constamment
illuminée par 142 lampes. Vous savez qu'on nomme
Confession la crypte où sont conservés les corps des
confesseurs de la foi. Rien d'intéressant dans aucune église du monde comme les souterrains de
la Basilique où reposent un grand nombre de souverains illustres et 24 papes canonisés. Quel est
le chrétien qui n'éprouve une émotion pieuse en
s'agenouillant devant la tombe de Saint-Pierre,
conservée sur le lieu même qu'il arrosa de son
sang ! St-Paul partage le même monument et les
mêmes honneurs que le Prince des Apôtres. Au-
dessous de la Basilique nouvelle sont précieusement
conservés les restes de la Basilique de Constantin.

Il est au haut de la coupole des reliques célèbres
dont la renommée depuis des siècles a occupé les
savants, tel que le sudarium ou voile de Sainte-
Véronique, contenant l'empreinte de la face du
Seigneur. Là aussi se conserve la vraie croix re-
trouvée par Ste-Hélène. Pour être admis à visiter
ces reliques célèbres qui ont prescrit la vénération des siècles, il faut être chanoine de la basilique, c'est pourquoi ce titre de chanoine a été
souvent brigué par des rois afin de pouvoir pénétrer dans le trésor de la coupole.

La basilique de Saint-Jean de Latran porte cette
inscription : *Très-Sainte église la métropole et la
première de toutes les églises de Rome et de l'uni-*

vers. Elle emprunte son nom à Lateranus, sénateur
mis à mort par Néron, dont elle a remplacé le
palais. Ce palais était passé à la famille de Marc
Aurèle, et Constantin en fit la résidence de l'évêque
de Rome. Cette vénérable basilique, célèbre par ses
anciens privilèges et par cinq conciles généraux
qui portent son nom, possède comme Saint-Pierre
cinq portes, la *Porta Santa* et un autel papal.
Dans le vestibule s'élève la statue colossale de Constantin trouvée dans les thermes de cet empereur
au Quirinal. L'édifice a cinq nefs, le maître-autel
dans un tabernacle gothique soutenu par quatre
colonnes de granit renferme les têtes des apôtres
Saint-Pierre et Saint-Paul. Cinq chapelles sont
d'une richesse inouïe. Celle de Corsini est une des
plus magnifiques de Rome, elle fut élevée en l'honneur de St-André Corsini, par Clément XII, qui
était de la famille du saint. La chapelle du Saint-
Sacrement est ornée de quatre colonnes de bronze
doré provenant, dit-on, du temple de Jupiter-
Capitolin qui avait été décoré avec le bronze de
la proue des vaisseaux pris par Auguste à la bataille
d'Actium. La chapelle de Torlonia, famille enri-
chie par le commerce, pousse le faste jusqu'à
l'extravagance. Je ne saurais énumérer toutes les
magnificences de cette église célèbre : ses superbes
tombeaux, notamment le tombeau du pape Clément V,
ses belles colonnes de vert antique sauvées de la
basilique primitive, ses mosaïques, ses tableaux,
chefs-d'œuvre des peintres les plus illustres. Lors-

que le pape est élu, c'est à St-Jean de Latran qu'il va se faire recevoir évêque de Rome.

Le cloître que j'ai visité est du XII siècle. Je n'en connais pas de plus beau ni surtout de plus curieux. J'y ai vu des colonnes du temple de Salomon, deux colonnes de la maison de Pilate, la chaire de Saint-Sylvestre et des antiquités peut-être moins authentiques, la margelle du puits de la Samaritaine et une pierre supportée par quatre colonnes, pierre indiquant, dit-on, la taille exacte de Jésus-Christ.

Deux petites chapelles voisines de la grande basilique attirent l'attention, l'une est le *Baptistère*, fondé par Constantin. Huit colonnes de porphyre et huit colonnes de marbre blanc entourent les fonds baptismaux, vaste bassin de porphyre enfoncé dans le sol et surmonté d'une coupole dont les admirables peintures représentent des scènes de la vie de Saint-Jean-Baptiste. Là fut baptisé le premier empereur chrétien. On a conservé l'usage d'y baptiser encore les nouveaux convertis. Autour du baptistère sont diverses chapelles. La porte d'une de ces chapelles produit en s'ouvrant et en se fermant un son harmonieux et toutes les notes de la gamme.

Une autre petite église renommée est celle de *la Scala Santa* : elle renferme l'escalier du palais de Pilate rapporté de Jérusalem; ses 28 marches de marbre blanc, arrosés jadis par le sang du divin Rédempteur, sont l'objet d'une séculaire et cons-

tante vénération, on ne les monte qu'à genoux.
Le nombre des fidèles qui veulent les monter est
si considérable que la pierre aurait été usée entièrement si les papes ne les avaient pas faits recouvrir
de planches qu'il a déjà fallu plusieurs fois renou-
veler. Au haut de l'escalier est l'autel *Sancta Sanc-
torum*, ancienne chapelle des évêques de Latran,
renommée par ses reliques et un portrait de Jésus-
Christ, attribué à Saint-Luc.

Ste-Marie Majeure est une des basiliques qui
ont la porte sainte. Elle fut fondée en 352. La tradition rapporte qu'une vision indiqua le lieu où
elle pouvait être bâtie et qu'une neige tombée du
ciel au fort de l'été traça l'emplacement même
qu'elle devait occuper. L'église appelée d'abord
Notre-Dame des Neiges prit ensuite le nom de
Santa-Maria Maggiore, parce que c'est la plus
ancienne et la plus belle basilique construite en
l'honneur de la mère de Dieu. Cet immense édifice
a deux belles façades, mais rien de comparable
à la majestueuse simplicité de l'intérieur. C'est une
vaste nef, ou plutôt ce sont trois nefs séparées
seulement par quarante-quatre superbes colonnes
ioniques de marbre blanc veiné provenant du temple de Junon. Les dorures de la voûte sont faites
avec le premier or venu d'Amérique, or envoyé
à Alexandre VI par Ferdinand et Isabelle. Ses
mosaïques remontent au Ve siècle. Des statues
élevées sur les tombeaux de plusieurs papes sont
le principal ornement de cette église qui en con-

tient une autre : *La Camera del presepio*. Cette
chambre de la crèche a sa coupole , ses chapelles,
sa confession ; son grand autel du St-Sacrement,
dont le tabernacle est soutenu par quatre anges
en bronze doré ; les tombeaux de Sixte-Quint et
de Pie V , enfin la crèche de Notre-Seigneur, relique antique et vénérée sur laquelle le cardinal-
vicaire vient célébrer avec une grande pompe les
cérémonies de Noël.

Vis-à-vis la chapelle *del presepio*, il en est une
plus belle encore , la chapelle Borghèse, construite
par Paul V. Les peintures du Guide, les bas-reliefs
de deux tombes pontificales , les fresques de la
coupole sont magnifiques. Rien de splendide comme
l'autel de la Vierge. Les fûts des colonnes sont
de jaspe oriental , les bases et les chapiteaux de
bronze doré , la frise du fronton est d'agathe.
Quatre anges de bronze doré soutiennent un portrait de la Vierge fait, dit-on, par Saint-Luc.

La basilique de la Sainte-Croix de Jérusalem, est
la quatrième de Rome. Elle fut fondée dans les
anciens jardins d'Héliogabale par l'impératrice
Hélène qui y transporta la Sainte-Croix rapportée
de Jérusalem avec la terre même qui l'entourait.
Cette terre fut employée dans les fondations. Huit
colonnes de granit d'Egypte restent encore de l'ancien édifice. La chapelle de Sainte-Hélène , si précieuse par ses reliques , est interdite aux femmes;
c'est là que le pape vient bénir la rose d'or qu'il
envoie en don chaque année à quelque souverain.

Hors des murs de Rome et dans un lieu solitaire,
je fus étonné de voir s'élever la basilique de Saint-
Paul, une des plus belles du monde. L'église érigée
par Constantin sur le tombeau du saint apôtre ;
rebâtie par Théodose, et conservée par les papes,
était devenue un vrai musée d'antiquités chrétiennes, un incendie la dévora en entier le 16
juillet 1824. Le Souverain Pontife fit un appel à
toutes les nations et sa voix vénérée fut partout
entendue. Bientôt un temple plus vaste que l'ancien
et plus somptueux encore s'élevait enrichi des dons
de tous les rois de la terre. Le sultan, lui-même,
Mahomet-Ali, envoya son offrande : quatre colonnes
d'albatre blanc d'Egypte. Quatre-vingt-neuf colonnes
de granit décorent la nef. La dédicace du grand
autel eut lieu en 1841. Malgré les temps de cruelle
épreuve que notre Saint-Père a dû subir, il n'a
interrompu aucun de ses nobles travaux et j'ai vu
ses ateliers du Vatican travailler sans relache à
l'achèvement de la série des portraits des papes
en mosaïque. Cette série, dont une partie est
ancienne, a déjà atteint le nombre de 258 tableaux.
Les mosaïstes emploient des pierres de 10,000
nuances différentes et souvent un seul tableau coûte
20 années de travail. Je ne saurais où m'arrèter
si je voulais décrire tout ce que j'ai trouvé d'intéressant dans les antiques basiliques de St-Laurent,
de St-Sébastien, de Ste-Agnès et de Ste-Constance,
dans les 54 églises paroissiales, dans les innom-
brables églises et sanctuaires qui sont la gloire de
la ville sainte.

Dans les premiers temps, la maison d'un martyr
devenait sacrée pour les fidèles : on y élevait un
oratoire modeste, qui plus tard fut changé en
chapelle et enfin en magnifique église. Souvent
aussi, les lieux souillés par des pratiques payennes
étaient purifiés par des églises en quelque sorte
expiatoires. Ovide (Fast. 14) raconte que le 1er avril
les jeunes filles à marier se rendaient dans le temple
de la Fortune virile, et après avoir déposé tous
leurs vêtemens elles suppliaient la Déesse de cacher
aux hommes leurs imperfections corporelles. Ce
temple est aujourd'hui l'église de Sainte-Marie
Egyptienne.

Saint-Louis des Français m'offrit un intérêt patrio-
tique. Cette église, embellie par Catherine de Médicis,
ornée de fresques du Dominiquin et de tableaux
du Guide, conserve les tombeaux de plusieurs français célèbres, tels que le cardinal Dossat, le cardinal
de Bernis et Mme de Montmorin, dont Châteaubriant
rédigea l'épitaphe. Une colonne consacre la mémoire
des français morts en 1852 au siège de Rome.

J'assistai à une grande cérémonie religieuse à
l'église des Capucins, j'y entendis de belles voix
et notamment des voix de castrats. Cette église, qui
ne peut avoir ni marbres ni dorures, est richement dotée de tableaux, on y remarque surtout
l'archange Saint-Michel écrasant le serpent. L'archange est plus beau que l'Apollon du Belvédère.
On prétend que le Guide a donné à Lucifer les
traits d'Urbain VIII, dont il avait à se plaindre.

Cette histoire est très-répandue; mais selon moi elle est impossible. Le tableau avait été commandé par le frère même du pape, le cardinal Barberini, qui n'aurait point permis un telle inconvenance. Les capucins gardent leurs morts dans leurs couvents ils les enterrent dans la maison même. Lorsque le temps, aidé par quelques procédés, a détaché les chairs et que le cadavre ne conserve que les ossements, si c'est un moine vulgaire on se sert de ses os pour faire des arabesques sur les parois des murs; si c'est un moine distingué, le squelette revêtu du costume monacal est placé debout dans une niche faite uniquement avec des crânes. Rien de tristement bizarre comme ces galeries si lugubrement ornées.

On vient de consacrer un beau volume in-folio aux sanctuaires de Rome. Je ne citerai que deux chapelles qui m'ont surtout frappé. Un jour Saint-Pierre effrayé des obstacles que sa mission rencontrait à Rome se retirait découragé. Il était hors des murs lorsqu'il rencontra Jésus-Christ, il lui dit : Seigneur où allez-vous? *Domine quò vadis?* « Je reviens à Rome pour m'y faire crucifier de nouveau.» L'apôtre rappelé à ses devoirs par cette apparition reprit son courage et rentra dans la ville où l'attendait le martyre. La chapelle *quò vadis* consacre le souvenir de cet évènement.

La chapelle de *San Paolo alle tre fontane* s'élève au lieu même où St-Paul fut décapité; la borne en pierre où sa tête fut tranchée est conservée à la

même place. Sa tête, dit-on, rebondit trois fois
et dans chaque endroit où elle tomba jaillit aussitôt
une source d'eau vive. Cette tradition est consacrée
par trois autels élevés sur les trois fontaines.

Après les églises, parlons des palais de Rome.
Celui du Vatican doit remonter au temps de Constantin, c'est la résidence d'hiver du Pape. Sa Sainteté passe l'été au Quirinal. Pie IX, indignement
dépouillé d'une partie de ses Etats, est le plus pauvre
souverain d'Europe; il lui serait impossible de
suffire à toutes ses charges si le monde catholique
ne venait en aide à son chef vénéré. Pie IX serait
le plus riche souverain de la terre si on évaluait
les trésors des arts que renferment ses palais; sa
capitale même n'est qu'un grand musée.

Le Palais du Vatican semble s'effacer devant la
Basilique de St-Pierre, et cependant c'est un monde
de merveilles. Depuis le jour où il fut habité
par Charlemagne, il a reçu de nombreuses additions,
et ce palais s'est agrandi d'une agrégation de
palais, dont l'immensité dépasse l'imagination.
Bonnami y compte 13,000 chambres ! Il renferme un
beau jardin, 20 cours intérieures, 200 escaliers
ordinaires et 8 grands escaliers y compris l'escalier
royal, œuvre remarquable de Bernini.

Les appartements du Pape n'ont rien de splendide. Dans chaque pièce un fauteuil servant de
trône est placé sous un dais en velours rouge. Tous
les autres sièges sont en bois. Le Pape ne donne
jamais à dîner chez lui. Lorsqu'il fait des invita-

tions, le repas a lieu hors de ses appartements.

Mais quelle magnificence dans les salles et les galeries du Vatican consacrées aux arts et ouvertes au public!

On dirait que les dieux et les héros du paganisme sont venus demander asile au Chef de la Religion qui a détruit leur empire. Là sont réunis 1800 chefs-d'œuvre de l'antiquité. Vous les connaissez de renom sans les avoir vus. Dans ce fameux Belvédère, salle d'où la vue est si belle, je m'arrêtai à contempler son bassin de marbre et les objets d'art, lorsque j'aperçus des petites portes conduisant à des espèces de boudoirs où m'apparurent, dans un isolement recueilli, le Laocoon, le Torse, l'Antinoüs, l'Apollon du Belvédère!

Dans ces galeries peuplées de statues, dont l'aspect au flambeau produit un effet magique, il est facile de remarquer que l'art grec n'a trouvé chez les Romains que des imitateurs.

Le musée étrusque et le musée égyptien sont très riches, mais le musée profane et le musée chrétien m'intéressèrent encore davantage.

Parlerai-je des chefs-d'œuvre de peinture qu'on admire au Vatican? La chapelle Sixtine est trop connue pour la décrire. On me laissa seul dans la contemplation de cette terrible et magnifique fresque du jugement dernier, haute de 50 pieds et large de 40. La gravure que vous en connaissez vaut mieux qu'une description. La science du dessin et la hardiesse du trait y ont atteint le dernier degré de perfection. Cette œuvre *dantesque*, si je puis m'exprimer ainsi, peut sans doute comme toutes les œuvres humaines, prêter à la critique. Les critiques ne manquèrent pas à Michel-Ange. Biaggio, maître des cérémonies, fut écouté du Pape quand il se plaignit des nudités de ce tableau. Le peintre obligé de les voiler répondit avec sa fierté ordinaire : « Dites au Pape qu'il ne s'occupe pas tant de « réformer les peintures, ce qui se fait aisément, « mais un peu plus de réformer les hommes, ce qui « est plus difficile. » On prétend que dans sa colère il peignit parmi les damnés Biaggio, orné d'oreilles d'âne et entouré par le serpent de l'envie. Biaggio se plaignit, mais le Pape lui dit que s'il avait du pouvoir sur les âmes du Purgatoire, il n'en avait aucun sur les malheureux qui étaient en enfer. Le génie de l'artiste se déploie partout en peignant les grandes scènes de l'Ancien et du Nouveau Testament; la vie de Jésus-Christ et celle de Moise ; sur la voûte, il a retracé les origines du monde, la création du soleil et de la lune et les traits les plus mémorables de l'histoire de notre Religion. Je remarquai des Sybilles placées à côté des prophètes.

Michel-Ange fut chargé encore de la chapelle Pauline qui lui doit deux grands tableaux : la Crucifixion de St-Pierre et la Conversion de St-Paul. Comme sculpteur, comme peintre et comme architecte, il a laissé d'immortels chefs-d'œuvre : la statue de Moïse, le jugement dernier, et la coupole de St-Pierre.

Au Vatican, je ne cessais d'admirer Michel Ange que pour admirer Raphaël. Qui ne connaît ses *loges*, admirable galerie ornée de 52 morceaux dessinés de sa main et exécutés par ses élèves. Qui ne connaît ses chambres de la *Signatura*, d'*Héliodore*, de l'*Incendie* et de *Constantin?* A mon arrivée à Rome je me hâtai d'aller visiter St-Pierre et le Vatican. J'étais seul, j'admirai l'*Ecole d'Athènes*, ce bel ouvrage de Raphaël, le premier peut-être où la peinture ait réellement fait revivre l'antiquité, lorsqu'un custode que je n'avais pas aperçu m'invita à m'agenouiller ; le Pape accompagné de Mgr de Mérode et de plusieurs cardinaux passa à côté de moi en me donnant sa bénédiction, et à sa démarche rapide, je pus juger de la fausseté des bruits qu'on fait courir sur les infirmités qui l'empêcheraient de se mouvoir facilement. Dans la salle de Constantin, une autre bonne fortune m'attendait : je fus présenté par un membre de l'Institut de France à M. Visconti, le célèbre directeur du Musée du Vatican, qui me donna sur les lieux même des explications très-intéressantes et qui me fit chez lui un accueil des plus bienveillants.

Les tapisseries de Raphaël eurent pour moi d'autant plus d'intérêt que j'en avais vu les cartons au château de Hamptoncourt en Angleterre. Ils avaient appartenu d'abord à Charles Ier et après la mort de cet infortuné monarque, Cromwell les acheta aux enchères.

Entrons dans la *Pinacoteca* ou galerie de ta-

bleaux. J'avais si souvent vu des descriptions et
des gravures des toiles célèbres qu'elle renferme
qu'il me semblait connaître déjà la *Transfiguration* et la *Communion de Saint-Jérôme*, ces deux
chefs-d'œuvre de Raphaël et du Poussin. Plus
cependant je les regardais, plus je les admirais.
Vous savez que Michel Ange jaloux de Raphaël,
dont il ne pouvait égaler le coloris, imagina d'opposer à son rival un bon coloriste, Sébastien del
Piombo, qui devait peindre sur les dessins que
Michel Ange lui-même se chargea de faire. Un
concours eut lieu entre Raphaël, auteur de la
Transfiguration et Sébastien, auteur de la *Résurrection de Lazare*. Raphaël s'était surpassé en
voulant surpasser son rival. Le cardinal Jules de
Médicis, depuis Clément VII, avait commandé le
tableau de Raphaël pour la cathédrale de Narbonne,
il en fut si ravi qu'il le garda pour lui-même et
envoya l'œuvre de Sébastien.

La bibliothèque du Vatican est une des plus célèbres du monde par les raretés paléographiques et
bibliographiques qu'elle renferme. Je ne parlerai
pas de ses manuscrits de tous les siècles et de
tous les pays. Parmi les manuscrits des auteurs
anciens se trouve le traité de la République de Cicéron, découvert sous l'écriture d'un commentaire
des Psaumes et déchiffré par le cardinal Maï. Que
de trésors pour un amateur d'autographes! 17 lettres,
presque toutes écrites en Français d'Henri VIII à
Anne de Boleyn. Le traité des sacrements avec

la signature du même roi et sa dédicace autographe au Pape :

Anglorum Rex Henricus, Leo Decime, mittit
Hoc opus et fidei teste et amicitiæ.

Je citerai encore parmi les manuscrits ceux de Luther et ceux du Tasse ; et parmi les imprimés : Le Dante de Boccace avec les notes de Petrarque ; mais j'arrête là mes citations parce que j'aurais trop à les multiplier. Ce qui étonne en entrant dans cette magnifique bibliothèque, c'est qu'on n'y voit pas de livres. Ils sont tous enfermés dans des armoires non vitrées. La grande salle est partagée par des piliers qui en forment deux galeries. Tout est splendide. De belles fresques représentent les conciles généraux de l'église et les constructions de Sixte V. Des objets précieux sont répandus à profusion de tous côtés ; ce sont des tables de granit ornées par des figures en bronze de Valadiori, des colonnes d'albâtre oriental, des antiquités romaines, des vases de Sèvres, des malachites de Russie et autres dons de plusieurs souverains.

Vous trouverez bien courte ma note sur les richesses du Vatican, mais qui pourrait en donner une idée complète ? Le Palais du Quirinal, résidence d'été du Pape, est riche aussi de curiosités. Je visitai les appartements du Souverain Pontife, qui sont comme au Vatican d'une noble et modeste simplicité. On m'a laissé seul me promener dans le jardin ; ce sont de superbes charmilles, des allées droites, des serres, des parterres ; une fon-

taine monumentale y fait entendre une douce harmonie produite par le jeu des eaux. La cour intérieure du palais a 303 pieds de long et 165 de
large ; elle est entourée d'un portique orné de
beaux pilastres. La galerie de tableaux est belle ;
on y remarque une madone du Corrége, un Saint-
Jérôme de l'Espagnolet, une Ste-Catherine d'Annibal Carrache et divers chefs-d'œuvre, notamment la belle tête de St-Paul où Fra Bartolom-
méo a surpassé pour la force et la grandeur la
tête de Moïse par Raphaël.

Le palais de Latran, comme tous les palais pontificaux, sert de musée ; sa galerie de tableaux
et son musée profane seront bientôt effacés par
son musée chrétien, grâce au zèle avec lequel le
chevalier de Rossi y recueille les pieux trésors des
catacombes.

Le Capitole moderne a été dessiné par Michel
Ange. Il se divise en trois palais, celui du milieu
est la résidence du *Sénateur* : c'est le Maire de
la ville. Les deux palais collatéraux forment deux
musées. La place même du Capitole est un musée
plus riche que bien d'autres. J'y admirai deux
grandes lionnes d'Egypte en bazalte, les statues
colossales de Castor et de Pollux, la fameuse co-
jonne milliaire d'où comptait le premier mille des
grandes voies romaines, enfin la belle statue
équestre de Marc Aurèle. C'est la seule en bronze
qui nous soit parvenue intacte de l'antiquité. Sauvée
par une méprise (on la prit pour l'image du pre-

mier Empereur chrétien), elle fut pieusement conservée à St-Jean-de-Latran. Le chapitre de cette
basilique fait reconnaître tous les ans ses droits
par une redevance de fleurs. Lorsque Rienzi fut
proclamé Tribun, il donna des fêtes populaires
où le cheval de bronze joua un rôle; un de ses
naseaux versait du vin et l'autre de l'eau. Michel
Ange, après avoir restauré ce coursier antique, le
contemplait avec tant d'admiration, qu'il lui criait :
« marche donc ! »

Le musée et les galeries du Capitole sont peu-
plés de merveilles. La statue colossale de Jules
César, la seule qui soit authentique, et celle d'Auguste avec les trophées de la bataille d'Actium
sont placées sur les portiques de la cour. En mon-
tant l'escalier, on est vivement intéressé par vingt-
six fragments considérables du plan de la vieille
Rome, dressé sous les premiers empereurs. Tout
est splendide dans les galeries ornées de fresques
de Daniel de Volterre, d'Annibal Carrache et des
plus grands peintres. Parmi les tableaux plusieurs
ont été admirés à Paris, tels que la Sainte-Pétro-
nille de Guerchin et la naissance de la Vierge par
l'Albane. Mais surtout que de richesses antiques?
Voilà la fameuse Louve dont Cicéron parle dans
ses Catilinaires. Voici un vase donné par Mithridate
au gymnase des Eupatoristes. Voici la ravissante
coupe des colombes trouvée à la villa d'Adrien, etc.

La salle des bustes contient autre chose que des
bustes; j'y ai remarqué des sarcophages et les

inscriptions des Colombaires de la voie Appienne.
La salle des empereurs renferme les images de
83 empereurs ou impératrices; Agrippine assise est
un chef-d'œuvre. La salle des philosophes est riche
en bustes antiques, en portraits des poètes et des
orateurs célèbres: parmi les plus authentiques figu-
rent ceux d'Homère et de Démosthène. Le *salon* renferme les statues des Dieux, notamment celle d'un
beau Faune en rouge antique trouvé dans la villa
d'Adrien. La salle du *gladiateur mourant* m'intéressa par la beauté de ce chef-d'œuvre et par la
pensée que c'était l'image d'un gaulois. La célèbre
Vénus du Capitole est dans un salon particulier
entourée de Psyché et de l'Amour, de Léda et du
Cygne.

IV.

Cher collègue, vous avez trouvé mon dernier chapitre sur Rome très-incomplet. Après avoir parlé des palais Pontificaux, j'aurais dû parler des personnages qui les habitent.

J'avais eu l'honneur et le bonheur d'être en relation depuis quelques années avec le cardinal Antonelli et avec Mgr Berardi, sous-secrétaire d'Etat. Ces deux hommes éminents habitent l'un le Vatican, l'autre le Quirinal. Malgré cet éloignement, et malgré toutes les intrigues ourdies autour d'eux depuis quatorze ans, leur entente parfaite n'a pu être un instant troublée. Mgr Berardi connaît notre beau pays. Son regret est de ne pouvoir y venir aussi souvent qu'il le désirerait. Si dans des temps difficiles un homme d'Etat pouvait se permettre les voyages d'agrément sans donner lieu à toute sorte de commentaires, il aimerait, me disait-il, à venir souvent retremper sa santé dans l'air vivifiant de nos montagnes et aux sources thermales des Eaux-Bonnes, dont il s'est si bien trouvé. Mgr Berardi a voulu rendre à un Béarnais l'accueil qu'il avait reçu en Béarn et je ne pourrais vous dire tout ce que je dois à sa courtoise bienveillance. Il me suffit de lui témoigner l'envie que

j'avais de voir les catacombes, pour qu'il priât
M. de Rossi de venir se mettre à ma disposition.
Tous mes désirs enfin étaient satisfaits avec une
cordialité extrème. Il vint me prendre lui-même
pour me conduire dans sa voiture au Vatican, et
présenté par lui, je ne pouvais qu'être bien reçu.

Vous connaissez l'histoire de Pie IX. Il est né
le 17 mai 1792 à Sinigaglia, *Seno Gallia*, colonie
des Gaulois Sénonais Il a servi dans un régiment
français. A la chûte de l'empire, il sollicita, sans
pouvoir l'obtenir, son admission dans les gardes
nobles du pape : la providence le réservait à de
plus hautes destinées. Lorsque le jeune comte
Mastaï renonçant au monde pour se vouer au
Seigneur, commençait à peine ses études ecclésias-
tiques, son professeur, le célèbre théologien Gra-
ziosi, s'écriait dans l'admiration de son ardente
charité : *l'abbé Mastaï a le cœur d'un pape.* Il
l'avait bien jugé. Jamais Souverain Pontife n'eut
plus de cœur que celui que Dieu a placé à la tête
de son église dans des moments d'épreuve.

Vous désirez savoir les détails de ma visite. En
entrant dans les appartements pontificaux, des
valets prirent les objets que je désirais faire bénir,
et les portèrent au Saint-Père sur un plateau. Je
traversai une grande salle. Les gardes nobles ont
le costume moyen-âge rouge, jaune et noir, tel
qu'il fut dessiné par Michel Ange, ce qui contraste
singulièrement avec nos uniformes modernes. J'at-
tendis quelques instants dans une salle où régnait

un religieux silence. Lorsque le moment de l'audience fut venu, j'entrai dans le salon du Pape.
On me fit ôter les gants, et je m'avançai en faisant
trois génuflexions. Il me demanda si je voulais
baiser l'anneau du pécheur et me tendit gracieuse-
ment la main.

Tout ce qu'on a pu vous dire de l'ineffable bonté
de Pie IX est au-dessous de la vérité. Je ne vous
ferai pas son portrait : vous connaissez sa photographie par Alessandri. Sa physionomie est d'une
douceur qui n'exclut pas la finesse. Il allie l'affec-
tueuse simplicité qui convient au Saint-Père des
fidèles à la dignité qui sied à un souverain. Je
n'arrangerai pas ici après coup une à une toutes
les paroles que j'eus l'honneur d'échanger avec
Sa Sainteté. Je ne saurais rendre tout ce qu'il y
a de bienveillance et de sagesse dans ses appré-
ciations des hommes et des choses, tout ce qu'il
y a de sublime dans sa résignation en Dieu et de
touchant dans sa confiance dans la Providence.
J'avais obtenu la faveur de lui offrir mon *Histoire
religieuse de la Bigorre*. Il reçut le volume avec
bonté et la conversation roula sur l'histoire géné-
rale de l'église qui ne pourra être bien faite que
lorsque chaque église aura sa monographie composée avec des matériaux recueillis sur les lieux
même. Dans cette conversation pleine d'abandon,
j'eus occasion d'admirer le savoir du Saint-Père.
Quand j'allais sortir, il provoqua une demande de
ma part. Je lui exprimai le désir d'obtenir l'indul-

gence plénière *in articulo mortis*; il prit aussitôt
la plume, l'écrivit de sa main, et me remit cet
autographe précieux. Quand je me retirai, ses bénédictions me suivaient encore avec une effusion qui
aurait touché les cœurs les plus insensibles.

Avant d'avoir été présenté à Sa Sainteté, j'avais
eu l'honneur d'être reçu par le cardinal Antonelli
qui avait bien voulu m'accueillir comme une ancienne connaissance. Cet illustre ministre, qui aura
une grande page dans l'histoire contemporaine, a
la figure la plus expressive que j'aie jamais vue.
Son regard pénétrant semble avoir le secret de
fouiller dans l'âme et de lire dans les cœurs. Je
vous montrerai sa photographie qu'il a bien voulu
me donner avec quelques lignes autographes. Il parle
moins qu'il ne fait parler les autres. Je fus cependant étonné et charmé de l'esprit et de la gaîté même
qu'il savait mêler à la gravité de l'homme d'Etat.

Mgr Berardi voulut bien témoigner à S. M.
François II, mon désir de le remercier des bontés
qu'avait eues pour moi, le Roi son père, qui
m'avait décoré d'un de ses ordres, parce que mon
livre sur le Château de Pau lui avait rappelé une
page de l'histoire de ses ancêtres. François II habite
son palais Farnèse, qui, d'après Quatremère de
Quinci, est peut-être le plus beau de l'architecture
moderne. A peine entré dans la grande galerie
dont les fresques sont le chef-d'œuvre d'Annibal
Carrache, le duc de la Regina, avant de me présenter à son maître, vint lui-même se présenter

à moi avec la plus exquise courtoisie. Le jeune
Roi n'a que 28 ans et on ne lui donnerait pas cet
âge. Sa figure a de la douceur et de la dignité. Il
parle peu, mais ses paroles sont mesurées et bien-
veillantes. Autant que j'ai pu en juger par mes
observations à Naples, il comprend bien la situation.

Mgr Berardi joint à un rare mérite, une rare
amabilité, ce qui ne nuit jamais, même à un
homme d'Etat. Je voudrais pouvoir et savoir dire
tout ce que ses conversations m'ont appris d'intéressant. On reproche à la cour de Rome de ne
pas concéder les réformes que réclament les progrès du siècle. Toutes les réformes désirables sont-
elles possibles ? Quelle amélioration morale ou ma-
térielle a donc été repoussée ? Ce qui convient à
un pays, peut-il convenir à un autre ? Je regarde
la publicité des débats comme la garantie essentielle
d'une bonne justice. Je voudrais que le juge, comme
le magistrat du parquet, émît publiquement son
opinion, mais à Rome quel témoin oserait dire la
vérité en audience publique, s'il avait à compter
ensuite avec la famille de l'accusé et à redouter la
vendetta, inconnue en France et terrible en Italie ?
J'ai lu le procès Fausti ; le jugement est imprimé et
les motifs forment presque un volume. Les moyens
de défense y sont reproduits avec tant de soin et
discutés avec tant de détails, que j'aimerais mieux,
si j'étais innocent, être jugé par des magistrats
obligés de motiver leur réponse à chacune de mes
objections que par des jurés pris au hasard, dont

la décision par oui et par non est laconique comme celle du destin.

Les palais et les villas de Rome sont célèbres, et vous désirez que je vous en donne une idée. Et d'abord comment se fait-il qu'on ne trouve pas à Paris et à Londres ce qu'on trouve à Rome, cette ville si petite auprès de ces deux villes si considérables? Les grandes familles romaines doivent en général leur illustration à quelque pape ou à quelque cardinal. Les princes de l'Eglise sobres pour eux-mêmes aimaient le luxe des beaux arts. Les riches du jour préfèrent le luxe de la table et de la toilette des femmes. Les cardinaux dépensaient leurs revenus à acquérir des tableaux, des statues, des trésors du génie antique. Les riches du jour préfèrent le jeu, la chasse, les chevaux, le théâtre. Les cardinaux recevaient tout le monde dans leurs galeries, qui sont encore ouvertes à tous excepté aux domestiques en livrée ; les riches du jour donnent des dîners et des fêtes où il n'y a guère de place que pour les femmes élégantes et les hommes futiles.

Les Romains ne manquèrent pas d'architectes et de peintres illustres pour construire et orner leurs demeures. Il ne leur en coûtait pas non plus de s'emparer des statues et des débris précieux des monumens antiques.

Entrons dans leurs palais, dont l'extérieur souvent déshonoré par les barres de fer du rez-de-chaussée, ne séduit pas le regard. La magnificence architecturale se déploie dans la cour intérieure, vaste quadrilatère autour duquel s'élèvent des colonnes et portiques. Le premier étage, généreusement abandonné à la curiosité publique, est quelquefois consacré en entier à des galeries de tableaux, à des musées de statues. Les propriétaires se relèguent aux étages supérieurs. Je suis sûr que leurs somptueuses demeures ont moins de comfort que de majesté.

Comment ne point parler des palais les plus célèbres et comment en parler sans entrer dans de longs détails? Un charmant officier d'état-major, le capitaine Abria, me conduisit au palais Barberini. Le magnifique escalier en spirale se compose d'un double escalier, l'un de Borromini, l'autre du Bernin. Le plafond du grand salon représente le triomphe de la gloire, c'est un des chefs-d'œuvre de Pietre de Cortone, c'est une brillante allégorie des gloires de la maison des Barberini. Deux portraits attirent surtout l'attention : la *Fornarina* de Raphaël et la *Beatrice Cenci*, peinte, dit-on, d'après nature par le Guide, la veille même de son exécution. La grande collection de statues a été un peu diminuée, mais il en reste de très-belles trouvées surtout dans les anciens jardins de Salluste. La bibliothèque est célèbre, elle renferme les éditions les plus rares, et de précieux autographes tels que les notes du Tasse sur Platon, les papiers de Galilée et du cardinal Bembo, etc.

Le palais Borghèse est magnifique; le portique

intérieur est soutenu par quatre-vingt-seize colonnes de granit, doriques au rez-de-chaussée et corinthiennes à l'étage supérieur. Douze salles renferment 856 tableaux. Comment vous citer tous ceux qui m'ont frappé ; le portrait de César Borgia et la Descente au tombeau par Raphaël, la Sybille de Cames et la Diane du Dominiquin, enfin la célèbre peinture de l'Amour sacré et de l'Amour profane.

Le palais Corsini a appartenu aux neveux de Sixte IV et à ceux de Clément XII. C'est là que mourut Christine de Suède ; on conserve encore ses manuscrits. La galerie est riche d'œuvres de grands maîtres. La bibliothèque ne contient pas moins de 1,300 manuscrits et de 60.000 volumes.

Le palais Doria Pamphili, après avoir appartenu à Jules II, réunit deux grands noms, celui des Doria, de Gênes, et celui des Pamphili, de Rome. Les quatre façades et la cour intérieure sont faites d'après les dessins de quatre grands maîtres différents. Dans quinze vastes salles se déploient 800 tableaux, parmi lesquels on en remarque plusieurs du Poussin. Dans un splendide cabinet sont réunis les portraits de famille, l'illustre amiral André Doria, par Sébastien di Piombino, Innocent X par Velasquez, Olympia Pamphili, par le Poussin.

Le palais Rospigliosi a été construit sur les ruines des thermes de Constantin, dont il reste quelques vestiges. Il a appartenu successivement au cardinal Scipion Borghèse, au cardinal Bentivoglio et au cardinal Mazarin. Trois salles du rez-de-chaussée

sont ouvertes au public. Celle du milieu est remarquable par la célèbre *Aurore* du Guide. Qui ne
connaît par la gravure, cette fresque si justement
renommée, et qui n'a pas admiré cette délicieuse
composition de l'Aurore jetant des fleurs devant
le char du Soleil escorté par les Heures. Un vaste
miroir est ingénieusement disposé afin qu'on puisse
contempler le tableau sans avoir toujours la tête
levée. On avait prétendu que cette œuvre précieuse
avait été endommagée par les boulets français dans
le dernier siège. C'est entièrement inexact. Tandis
que les Garibaldiens ne montraient guère d'égard
pour les curiosités romaines, les Français pre-
naient au contraire les plus grandes précautions
pour les respecter. La fresque de l'Aurore n'est pas
la seule merveille du palais Rospigliosi, on y remarque de belles toiles du Dominiquin et des maîtres
de l'école romaine, des colonnes de marbre rouge,
une statue de Diane, un buste de Sénéque et des
objets antiques retirés des thermes de Constantin.

Le palais Spada possède une curiosité plus intéressante encore pour moi que la plus belle peinture
de Rome : au milieu de ses tableaux de maître, de
ses bas-reliefs découverts à St-Agnès, mes regards
se reportaient toujours sur la grande et antique
statue de Pompée, au pied de laquelle tomba César
sous-le fer des conjurés. On indique encore sur
le genou une tache de sang. Cette statue est
de marbre et non de bronze comme l'écrivait
dernièrement un auteur, ordinairement très-

exact. Suétone nous indique le lieu où la statue
de Pompée fut placée par Auguste. C'est là qu'on
la retrouva en 1553. Elle était couchée sous deux
maisons, les deux propriétaires la revendiquèrent.
en justice. Le juge, pour imiter Salomon, allait
en adjuger à chacun la moitié, lorsque le pape
Jules II se hâta d'en faire l'acquisition pour 500
écus (2,675) et en fit don au cardinal Capo di Ferro.

A l'aspect de cette noble et majestueuse figure,
je songeais à la poétique apostrophe de Childe
Harold, adressée à cette statue qui rappelle deux
des plus grands noms et un des plus grands événe-
ments de l'histoire ancienne.

Je m'arrête, car la nomenclature de tous les
palais serait longue. L'hôtel de la Minerve où j'étais
descendu a une façade fort modeste. Je fus surpris
de voir, au fond de la cour ornée de colonnes de
granit antique, une salle à manger décorée de marbres et de fresques et pouvant contenir 230 couverts. Mon étonnement cessa quand j'appris que
l'ancien palais Conti était devenu un hôtel pour
les voyageurs.

J'ai vu plusieurs villas à Rome et aux environs;
je ne vous décrirai que la villa Borghèse; elle
commence au bout de la place *Del Popolo*. En
entrant dans les jardins et les parcs de France et
d'Angleterre, vous trouvez souvent les mots : *parlez
au portier. Défense au public d'entrer.* En entrant
dans les belles allées de la villa Borghèse vous
pourrez lire au contraire ces mots écrits en latin

sur le piédestal d'une statue : *Quisquis es, si liber, legum compedes ne hic timeas. Ito quò voles, petito quœ cupis, abito quando voles.*

Ne craignez donc rien en pénétrant dans ce domaine privé. On vous invite à entrer et à sortir comme bon vous semblera.

Ce ne sont pas des jardins où l'art s'attache à se cacher et à imiter la nature agreste; l'art au contraire, cherche ici à se montrer partout à côté de la nature qu'il essaie d'embellir. Tout est plein de grandeur et de majesté. Ce sont de vieux arbres dont les allées vastes et régulières se déroulent sur des pentes adoucies dans une étendue de plus d'une lieue. Ce sont des fontaines et des monuments artistiques qui s'élèvent sur des places ombragées où les allées se croisent.

La maison ou Casino est ouverte au public comme le Parc. A l'extérieur comme à l'intérieur on ne sait ce qu'on doit admirer le plus des peintures modernes ou des sculptures antiques; l'art des anciens ou l'art des nouveaux Romains. Le palais est d'une belle architecture, il est remarquable par son beau portique orné de pilastres doriques, ses bas-reliefs sauvés des ruines de l'arc-de-triomphe de Claude, ses inscriptions anciennes et ses statues. En parcourant dans l'intérieur le salon, la galerie, les nombreuses chambres qui chacune doit son nom à un chef-d'œuvre, les chambres de l'Hercule, de l'Hermaphrodite, du gladiateur, du Silène, etc., l'admiration ne sait où s'arrêter.

7

Napoléon avait acheté à son beau-frère, Camille
Borghèse, pour douze millions de statues, on ne s'aperçoit pas que leur absence ait causé un vide Pauline
Borghèse a laissé là un souvenir qui fait beaucoup
parler d'elle : une Vénus en marbre blanc attire
tous les regards. C'est l'œuvre de Canova qui, dit-
on, n'eut pour modèle que la princesse elle-même.

Il faudrait des volumes pour dire toutes les curiosités de Rome. J'ai été long et je n'ai rien dit de
ces 148 places publiques ornées d'obélisques, de
fontaines monumentales comme la fontaine Trévi,
des statues précieuses comme les statues colossales en
bronze de deux cavaliers tenant deux chevaux, chef
d'œuvre antique attribué à Phidias et à Praxitèle.

Vous donnerai-je ici une esquisse des costumes
du pays et des mœurs romaines ? Le costume
national est un peu comme partout relégué dans
les campagnes. Les mœurs en général sont graves
et sérieuses ; si les désordres sont plus ou moins
grands dans cette ville qu'ailleurs, c'est ce que
personne ne peut dire. Le vice du moins est obligé
de s'y cacher. — La charité chrétienne s'y montre
sous toutes les formes. Un jour je vis des hommes
courir la rue pieds nus, vêtus d'un sac de toile
grise, ceints d'une corde, portant une besace sur
l'épaule et la figure couverte d'un capuchon qui
n'avait que deux trous à l'endroit des yeux. Ce
costume d'une autre époque m'aurait fait sourire
si je n'avais su qu'il cachait des cardinaux, des
prélats, des nobles, connus sous le nom de *Sacconi*,

qui quittent leurs palais tous les vendredis pour aller quêter incognito pour les pauvres.

Vous m'avez paru désirer connaître mes observations sur le climat de Rome comparé à celui de Pau. Cicéron, dans son traité de la République, vante Romulus d'avoir choisi pour bâtir sa ville un lieu salubre dans un pays malsain, *in regione pestilenti salubrem.* La *Malaria* n'est pas due à la dépopulation des environs de Rome. Horace parle du retour des chaleurs qui font pâlir les mères et ouvrir les testaments. A Pau, nous avons le voisinage des Pyrénées, au lieu du voisinage des marais pontins; une atmosphère toujours calme au lieu du *Sirocco* et de la *Tramontana*; une ville neuve pleine d'entrain et de gaieté, au lieu d'une ville antique pleine de gravité et de majesté; enfin, si les malades ont à redouter à Rome les galeries glacées des musées et des palais, à Pau, rien ne les sollicitera au travail. C'est le pays par excellence du *far niente* (en Béarnais *fénianté*).

V.

DE ROME A NAPLES.

De Rome à Naples, c'était jadis un voyage que l'antiquaire se plaisait à raconter. Il rencontrait des antiquités et des souvenirs de tous côtés sur son passage. Aujourd'hui le trajet se fait en chemin de fer et si l'on traverse des lieux célèbres, on n'a guère le temps que de leur jeter un coup-d'œil rapide et de les visiter par la pensée. A peine a-t-on quitté Rome qu'on entre dans une campagne fort triste, que de grandes ruines attristent encore davantage. On aperçoit de loin la *Torre Pigna-terra*, qui doit son nom à sa voûte, composée de pots de terre cuite en forme de marmites *pignatta*. C'est là que fut retrouvé le tombeau colossal en porphyre rouge, élevé par Constantin à sa mère Hélène : ce tombeau est déposé au Vatican.

Nous voici bientôt à Albano, renommé par la beauté de ses femmes et de ses paysages, et par la qualité de ses vins. J'aurais voulu aller voir Albe, la mère et la rivale de Rome, mais reste-t-il le moindre vestige de cette ville antique ? Sur ces

coteaux, *Albani colles*, les romains aiment encore
à bâtir leurs villas comme Pompée qui y séjournait
souvent dans une belle résidence où il reçut Cicéron.

Plutarque raconte qu'Aurélius Quintus y possédait une somptueuse demeure. Pendant les guerres
civiles, il chercha à flatter tous les partis. Jamais
il n'avait dit que du bien de Marius et de Sylla.
Retiré à la campagne, il avait évité avec soin de
se faire des ennemis, et voilà cependant que son
nom figura un jour sur la liste de proscription.
« Malheur à moi, s'écria-t-il, c'est ma maison
d'Albe qui me vaut la mort! »

On passe ensuite à Velletri : nos officiers français ne s'y plaisent pas autant que Tibère, Néron
et Caligula qui avaient pour ce séjour une véritable
prédilection.

On s'arrête longtemps à Ceprano pour la forma-
lité ennuyeuse et onéreuse des visas de passeport·
Je regrettais de passer tout près d'Arpino sans
pouvoir aller y visiter le lieu de naissance de Marius
et de Cicéron. « C'est là que je suis né, dit le grand
» orateur, aussi je ne sais quel charme s'y trouve
» qui touche mon cœur et mes sens et me rend
» ce séjour encore plus agréable. »

En passant à Aquino, mon guide m'apprend que
c'est la patrie de Juvénal; pourquoi ne dit-il pas
que c'est celle de notre illustre docteur St-Thomas?

Tout près de là est Ponte-Corvo, chef-lieu de la
principauté donnée au général Bernadotte. Le souvenir de la patrie absente est plus cher sur la terre

étrangère, et l'on est heureux de retrouver au loin
la mémoire de ceux dont le berceau fut près du
nôtre. Dans la Basilique de St-Pierre, le bas-relief
qui m'intéressait le plus c'est celui de l'Algarde
représentant l'abjuration d'Henri IV. Ponte-Corvo
me rappelait aussi un héros qui, après avoir échangé
son nom Béarnais pour le nom d'une principauté,
échangea celui-ci pour le nom d'un Royaume.

Nous perdîmes du temps à San-Germano; on
trouvait que l'on s'y arrêtait trop. Je regrettais de
ne pouvoir m'y arrêter assez. C'était l'antique
Casinum des Volsques. Est-ce de là que vient Casino?
il paraît que c'était une ville de plaisirs, on y trouve
les restes d'un théâtre et d'un amphithéâtre; on
y voit encore les ruines de cette fameuse villa
de Varron dont Antoine s'était emparé. Cicéron lui
reproche la vie qu'il y menait: *Ludebatur, bibebatur,*
vomebatur. Le plaisir de jouer et de boire se
comprend sans commentaire. L'autre plaisir a besoin
aujourd'hui d'être expliqué par les mœurs antiques, où après un grand repas on trouvait le moyen
de vider son estomac pour le charger de nouveau.

Tout près des lieux qui rappellent les plus sales
orgies des héros du paganisme, s'élevait le *monte*
Casino, le mont Cassin, qui fut le théâtre des plus
sublimes vertus des moines chrétiens. C'est là que
St-Benoit fonda sur les ruines d'un temple d'A-
pollon un monastère, illustre berceau des ordres
religieux au moyen âge.

Teano, où le consul Fulvius fit décapiter les sé-

nateurs qui avaient suivi les drapeaux d'Annibal,
nous annonce le voisinage de Capoue. Capoue, l'antique Vulturnum des Pelasges et des Etrusques,
comptait jadis 300.000 habitants. Cicéron nous raconte qu'on y dressait 40,000 gladiateurs pour
l'amusement du peuple; et son bel amphithéâtre
servit de modèle à tous ceux d'Italie. La fameuse
Capoue, si renommée par ses délices devenues pro-
verbiales, n'est plus qu'un petit village *Santa Maria
di Capua!* La nouvelle Capoue, *Capua nuova* était
à peu de distance de l'ancienne; c'était l'antique Casilinum. Si Capoue est célèbre par les plaisirs qui
énervèrent l'armée Carthaginoise, Casilinum est célèbre au contraire par l'horrible famine qui décima
ses habitants assiégés par Annibal. Pline raconte
qu'un rat se vendit 200 deniers d'argent (140 fr.)
Celui qui le vendit fut victime de sa cupidité, il mourut de faim, tandis que l'acheteur conserva la vie.

On passe devant le château royal de Caserte et
on s'y arrête quelques instants. C'est, d'après M.
Quatremère de Quinci, une des plus grandes con-
ceptions de palais qui existe en Europe, un tout
immense réduit à sa plus simple expression. On
compte 240 fenêtres à une façade seulement, et il
est de forme quadrangulaire. Le portail du milieu
était ouvert et laissait voir un autre portail soutenu
par 64 colonnes de marbre. Je n'ai pas visité,
quoique j'eusse un billet, ses quatre cours intérieures, son escalier renommé, sa chapelle et ses
appartements. J'avais hâte d'arriver à Naples.

NAPLES.

M. de Lamartine a dit : « Pau est la plus belle
vue de terre, comme Naples est la plus belle vue
de mer. » Je crois qu'il a doublement raison. Vous
avez lu de brillantes descriptions de Naples, des
splendeurs de son beau ciel, de l'éclat de sa mer
d'azur, de la variété de ses sites pittoresques, du
panorama qu'offre la ville étagée sur des monts
gracieux, du Vésuve et des paysages qui lui font
vis-à-vis, toutes ces descriptions ne peuvent vous
donner une idée de la magnificence de ces lieux
enchanteurs. Les Grecs croyaient que cette ville
avait été bâtie par une syrène, Parthenope, dont
elle porta longtemps le nom. L'antique cité fut
détruite et relevée de ses ruines sous le nom de
Neapolis, cité nouvelle.

Rome a tout à perdre à échanger son titre de
capitale du monde catholique contre celui de capitale d'un royaume italien, son titre de ville sainte
contre celui de ville profane, et à renoncer à ce
caractère spécial que les Papes ont imprimé à la
métropole de la religion et des beaux-arts, pour
se jeter dans je ne sais quelles prétentions de ri-
valité impossible avec Paris et Londres.

Naples, au contraire, aurait tout à gagner à
quitter son titre de chef-lieu de préfecture pour
reprendre celui de capitale. C'est la ville la plus
considérable d'Italie et l'une des plus grandes villes
du monde. Sa population est double de celle de
Rome. Ses campagnes sont aussi fertiles que la
campagne romaine est triste. Ses nombreux palais
royaux attendent un roi, et son beau port peut se
prêter à tous les progrès du commerce et de l'in-
dustrie.

Quand on étudie de près la diversité des mœurs
et des races, et les antipathies nationales qui divisent les anciens petits états de la Péninsule, l'unité
Italienne paraît un rêve. Un colonel piémontais très-
distingué me disait que depuis deux mois qu'il
était en garnison à Naples, pas un Napolitain ne
lui avait adressé la parole.

Je ne sais ce que la police nouvelle a fait pour
les mœurs, mais je sais fort bien qu'il lui reste
beaucoup à faire. Je doute fort qu'on puisse trouver
une île assez barbare, où, en plein jour et en
présence de l'autorité, les mœurs soient publiquement outragées comme dans certains quartiers de
Naples.

Un ministre célèbre avait dit que les Italiens
étonneraient le monde par leur ingratitude, je crois
que la reconnaissance des peuples serait plus éton-
nante encore, mais je n'ai pu voir sans indigna-
tion la profusion avec laquelle on répandait dans
les coins de rue et dans les cafés l'apologie du

régicide et les pamphlets les plus propres à exciter les mauvaises passions contre le gouvernement français.

Dans une fête donnée à l'occasion de l'anniversaire du plébiscite, je me suis mêlé à la foule ; la présence du prince Humbert excitait peu d'enthousiasme, et parmi les partis qui divisent la ville je ne sais si ceux qui font le plus de bruit sont les plus nombreux.

Rien d'expansif et rien de criard comme la population napolitaine. Elle vit sur la rue. Les conversations sont bruyantes. Partout on remarque un sans-gène inimaginable. La ménagère tend une corde d'une rue à l'autre pour y suspendre son linge à sécher. Les jeunes filles assises devant la porte se rendent le mutuel service de se peigner publiquement les unes les autres. A Rome, les femmes sont en général mal vêtues et laides, mais celles qui sont belles et qui ont conservé le type antique sont de la plus rare beauté. A Naples, les femmes ne sont ni très-laides, ni très-jolies, les hommes peut-être sont mieux physiquement. Les lazzaroni, qui ont pris St-Lazare pour patron, existent toujours, mais l'espèce dégénère, c'est à dire se perfectionne. Ils ont senti la nécessité de se vêtir un peu plus que leurs pères et de se livrer un peu moins à la paresse. D'ailleurs, on ne les voit guère dans les beaux quartiers, à moins qu'ils n'exercent l'emploi de commissionnaires ou facteurs *facchini*, que tout le monde traduit par *faquin*, sans qu'on se doute que ce mot peut être pris en mauvaise part.

Rien de plus animé que la rue de Tolède. Le soir elle est assez triste, mais le matin on est étonné de la foule qui s'y presse et du nombre de voitures qui l'encombrent. Les voitures sont très en usage à Naples et à très-bon marché (5Cᵉ la course.) Au milieu des équipages princiers et des modestes voitures de place on aperçoit encore le *corricolo* véhicule à deux roues, toujours lancé au galop, qui semble fait pour deux ou trois places, et auquel se suspendent et s'accrochent, je ne sais comment, par devant et par derrière plus d'une quinzaine de personnes.

Les rues sont en général étroites, elles sont toutes pavées de larges dalles du Vésuve. Il y a quelques quartiers véritablement dignes des plus belles capitales; la rue de Tolède, le quai de Santa Lucia et la Chiaja. L'italien napolitain diffère de l'italien romain; une place à Rome *piazza,* se nomme *largo* à Naples. Le largo di Palazzo, est une belle place située devant le palais du Roi. En face du palais on a bâti sous l'invocation de St-François-de-Paule une église qui est la copie exacte du Panthéon de Rome. La *villa reale* est une délicieuse promenade ornée de statues et d'objets d'art, mais surtout admirablement dotée par la nature de la vue du golfe et du Vésuve.

Tout respire dans la ville, le plaisir et la gaieté. *Otiosa Neapolis,* disait Horace, c'était la ville des

doux loisirs. Je me garderai d'étudier l'histoire
romaine à Naples, je ne saurais raconter la manière
dont les Empereurs passaient leur temps dans la
ville et dans les îles voisines, sans écrire des pages
dont une mère interdirait la lecture à sa fille.

Les palais et les villas modernes se font admirer
plutôt par la beauté du site que par la richesse
de l'architecture et des objets d'art. La peinture
est sans doute en honneur, mais peut-on dire qu'il
y a véritablement une école napolitaine ? Les nombreux chefs-d'œuvre qu'on retrouve à Naples ne
proviennent-ils pas d'artistes étrangers ?

Sous ce beau ciel, la musique l'emporte sur la
peinture. Cafarelli, chanteur napolitain fit une si
grande fortune qu'il bâtit un palais sur lequel il
plaça cette inscription : *Amphion Thebas, ego
domum*, Amphion bâtit Thèbe, et moi, j'ai bâti
cette maison.

Le théâtre de San Carlo passe pour être après
celui de la Scala de Milan, le plus vaste du monde.
En Italie en général, il n'y a autour de la salle
que des loges divisées en compartiments égaux
et formant plusieurs étages. Le théâtre de San
Carlo est à 6 étages de loges ; chaque étage a 32
loges et chaque loge 42 places. J'ai voulu voir aussi
le théâtre de San Carlino. Là trône le Polichinelle
par excellence *Pulcinello* ; c'est un bel homme sans
la moindre bosse avec une camisole et un pantalon
blanc, un demi masque noir sur la figure et un
bonnet de coton pyramidal sur la tête. Ses lazzis

excitaient un rire éclatant et incessant. Je crois
que pour les apprécier il faut bien connaître toutes
les finesses du patois napolitain. Pulcinello donne
deux représentations par jour et la salle est toujours
comble.

La grande curiosité de Naples, c'est le musée
Bourbon. Pourquoi lui ôter son nom pour lui
donner celui de musée National? Pourquoi repré-
senter la dynastie déchue comme hostile à tous les
progrès même en archéologie, lorsqu'elle a fondé
le musée le plus intéressant qui existe au monde,
et qu'elle a dépouillé ses propres palais de Rome
pour l'enrichir des plus rares merveilles, recueillies
dans l'héritage des Farnèse?

La galerie des tableaux est moins intéressante
que la galerie lapidaire. La salle dite des chefs-
d'œuvre n'en contient pas un très-grand nombre.
J'y ai remarqué le mariage mystique de Ste-Catherine, par le Corrège, le St-Jérôme de Ribéra, la
Madonna della gatta (la madone de la chatte),
le Christ mort de Garofolo et l'Ange gardien du
Dominiquin. La Danaé du Titien était cachée autrefois dans un cabinet où tout le monde n'entrait
pas; aujourd'hui ce tableau est exposé à tous les
regards.

La galerie lapidaire se divise en neuf ou dix
galeries ou portiques, contenant plus de 1,500 statues ou bas-reliefs. La provenance des sculptures
antiques est indiquée; les unes ont été trouvées à
Pompeï, nous n'en dirons rien ici; les autres à

Herculanum ou aux environs de Naples. Plusieurs proviennent de Rome. Ce serait une aride nomenclature que l'énumération de tant de chefs-d'œuvres et ce serait un trop long travail que leur description. Parmi les statues qui ont fixé plus particulièrement mon attention, je citerai les statues équestres des deux Balbus, proconsuls à Herculanum. Les plus belles, selon moi, viennent des Farnèse, le gladiateur blessé, Ganimède et l'Aigle, Jules César, Agrippine, le superbe groupe monolythe du Taureau, acheté à Rhodes, selon Pline; et l'Hercule, chef-d'œuvre de Glycon, transporté d'Athènes, par Caracalla; au milieu de plusieurs Vénus célèbres, on remarquera toujours la Vénus Callypige, trouvée dans la maison d'or de Néron.

Chaque salle du musée a une destination particulière et renferme de vrais trésors. La collection des vases *étrusques*, qui contient près de 4,000 pièces, est unique au monde. Je ne sais pourquoi on maintient cette expression de vases *étrusques*. On en trouve ailleurs qu'en Etrurie. C'est à Naples et dans ses environs qu'on en a découvert de magnifiques dans de vieux monuments. Ils appartiennent évidemment à l'art hellénique, transporté en Italie. On me fit observer avec complaisance quelques vases admirables. L'un représente la prise de Troie, l'autre Darius et divers personnages avec de brillants costumes grecs et orientaux.

Je ne vous parlerai pas ici du cabinet des Gemmes, qui renferme tant d'objets si précieux

par la matière, la perfection du travail et l'antiquité. La *tasse Farnèse* est une sardoine orientale
d'un travail inestimable.

Ce qui rend le musée de Naples sans égal dans le
monde ce sont les fresques, les mosaïques, les
bronzes, les terres cuites, les ustensiles de ménage,
les instruments aratoires, les pierreries et des
restes de comestibles, plus précieux encore que
les pierreries, enfin les objets divers recueillis à
Pompeï, à Herculanum, à Stabie, et qui nous révè-
lent les secrets de la vie intime des anciens.

Ici je me bornerai à dire que leur abondance est
telle qu'un savant s'est récrié sur l'inutilité de
continuer les fouilles de Pompeï. Pourquoi « grossir,
« dit il, un musée tellement plein qu'il existe en
« magasin 22,000 objets d'antiquité non classés et
« qui n'ont pas obtenu place dans les vastes salles
« *dei Studi!* » Je ne partage pas cette idée de
M. d'Aigueperse (T. 2, p. 234) mais je trouve qu'il
a raison de se plaindre qu'Herculanum soit un peu
trop sacrifié à Pompeï. A Herculanum la lave en
formant une croûte sur la ville a empêché l'humi-
dité d'y pénétrer comme à Pompeï. On trouve
des manuscrits dans la première ville, tandis qu'on
n'en trouve pas dans la seconde.

La Bibliothèque du musée contient 200,000 volumes; parmi les raretés se trouvent 6,000 volumes
du XVe siècle nommés des *quatrocentisti*.

Sa collection de papyrus est unique. Un jour
on découvrit à Herculanum des espèces de charbons

noirs symétriquement classés sur des tablettes. Il
fallut de la peine pour reconnaître que c'était une
antique bibliothèque. Elle se composait de près de
1,800 volumes. Mais comment dérouler ces papyrus
carbonisés par l'action du feu! Tous les savants
d'Italie, de France et d'Angleterre, s'ingénièrent à
chercher un moyen de lire les pages antiques qu'ils
avaient sous les yeux. Les plus habiles efforts res-
tèrent longtemps infructueux. Enfin un moine
génois, le P. Antonio Pioggi inventa une machine
à l'aide de laquelle on parvint à dérouler et à
fixer sur une membrane transparente, ces papyrus
cylindriques tellement calcinés et friables qu'on
ne pouvait y toucher sans les réduire en poussière.

A la nouvelle de cette heureuse invention, le
monde littéraire fit entendre au loin des applaudis-
sements pleins d'enthousiasme. Un anglais (*Classical
tour trough Italy par E. Chettwood*) alla jusqu'à
exprimer l'espoir de trouver à Herculanum ce qui
nous manque de Tacite. Il n'avait oublié qu'une
chose dans l'expression de ce désir, c'est que Tacite
n'a écrit ses œuvres que 20 ans après la disparition
d'Herculanum!

Jusqu'à présent, le travail de déchiffrement a été
lent, pénible, et le succès n'a pas répondu à la grandeur des efforts. Au lieu d'avoir le bonheur de découvrir quelques-uns de ces ouvrages tant regrettés,
comme les comédies de Ménandre ou le traité *de
gloriâ* de Cicéron, on n'a guère trouvé que les
œuvres d'un auteur Philodème, aussi inconnu que

fécond. Tous les rouleaux n'ont pas été dépliés
encore, j'ai vu ce qui a été imprimé. J'admirai
le génie de l'homme qui sait retrouver la pensée
humaine dans des cendres refroidies depuis
18 siècles !

Qu'on ne néglige pas Pompeï, mais qu'on ne se
lasse pas de rechercher à Herculanum les vieilles
bibliothèques. Les chefs-d'œuvre sortis de la tête
de l'homme sont plus intéressants encore que ceux
qui sont sortis de ses mains.

Les églises de Naples sont moins belles que celles
de Rome, mais elles sont presque aussi nombreuses;
on en compte 257; il y a de plus 182 chapelles
de couvent ou de confréries, et 57 chapelles
sérotines, où l'on réunit les ouvriers le soir. L'extérieur frappe ordinairement beaucoup moins par
la beauté du style que l'intérieur n'éblouit par
le luxe des marbres et des dorures.

La cathédrale de St-Janvier est très-grande. Ce
sont trois églises réunies en une. Cette trinité se
compose de la cathédrale proprement dite, de la
basilique *Santa Restituta* et du *Trésor de St-Janvier*. On a conservé au-dessous de l'édifice chrétien
une partie du temple d'Apollon sur lequel il fut
bâti. L'intérieur de l'église est splendide. Tout paraît
neuf même les colonnes antiques qu'on a rajeunies
en les couvrant de stuc. On compte jusqu'à 110
colonnes en cipollino d'Afrique et en granit
d'Egypte qui séparent l'intérieur en trois nefs.
Le maître-autel est en porphyre; dans un taber-

8

nacle dont la porte est d'argent massif, on conserve deux fioles contenant du sang de St-Janvier. Le corps de ce saint repose dans la *Confession*, chapelle tout incrustée de marbre et ornée de huit colonnes.

L'ancienne basilique Sainte Restitute est brillamment ornée. Elle conserve de précieuses mosaïques et un baptistère du IIIe siècle.

La chapelle de St-Janvier nommée *Il Tesoro* est plus grande que des cathédrales renommées; elle a 7 autels; elle est décorée de 19 statues colossales en bronze et de 42 colonnes en brocatelle.

Il serait trop long d'énumérer ici toutes les curiosités artistiques et tous les trésors de l'église et des sacristies : ce sont de belles sculptures des temples d'Apollon et de Neptune, des mosaïques, des fresques et des tableaux des plus grands maîtres, notamment des tableaux peints à l'huile sur cuivre argenté par le Dominiquin, ce sont de magnifiques chandeliers en argent, deux croix en diamants et en saphir, des reliquaires d'argent ornés de pierreries.

Je m'arrête, j'aime mieux raconter le fameux miracle de la liquéfaction du sang de St-Janvier. Ce sont deux français, que j'ai rencontré séparément qui m'ont rapporté les détails que je vais vous dire. Si j'avais été présent moi-même, j'aurais pu craindre une illusion de mes yeux, mais je suis sûr que les deux personnes graves qui ont tout vu ont bien vu, et ne m'ont raconté que ce qu'elles ont vu.

Le 19 septembre dernier, peu de jours seulement avant mon arrivée à Naples, avait eu lieu la cérémonie qui se renouvelle quatre fois l'an à la cathédrale; 25,000 personnes au moins remplissaient la vaste église. Tous ceux qui se prétendent parents de St-Janvier se pressaient devant la balustrade; les saints, comme les grands personnages, ont beaucoup de parents. Bientôt un imposant silence règne partout; on apporte la fiole contenant le sang du saint. Tout le monde est admis à s'en approcher et à vérifier que le sang est réellement coagulé. Il faut pour que le miracle s'opère que la fiole soit mise en rapport avec la tête de St-Janvier. Le buste d'argent qui la contient est apporté sur l'autel et revêtu d'ornements pontificaux. Puis les prières commencent. Lorsqu'elles furent achevées ; rien n'apparût encore, alors les parents indignés apostrophèrent le saint en gesticulant et en criant. Les uns disent qu'ils lui adressaient les plus grosses injures comme *faccia alude* (face de basane), les autres disent que les gestes seuls étaient trop énergiques. Mais voilà que bientôt le sang commence à devenir vermeil et liquide et à tomber goutte à goutte. Aussitôt l'immense assemblée se lève comme un seul homme, et ces milliers de spectateurs chantant tous ensemble font retentir les voûtes de la cathédrale du chant du *Te Deum* entonné avec un élan et un enthousiasme inouis.

Vous croyez fermement aux miracles, et la religion recommande à votre piété et à votre raison de n'accepter que très-difficilement ceux dont l'authenticité est douteuse. Sauriez-vous m'expliquer comment la supercherie serait possible et quel en serait le but ? La fiole est gardée dans un tabernacle entouré par une grille qui a trois clefs déposées 'une chez le Roi, l'autre chez l'archevêque, l'autre chez le gouverneur. Comment se pourrait-il que ces trois personnages se fussent toujours entendus depuis des siècles, sous des Rois réellement pieux comme sous des Rois excommuniés, pour faire accepter comme miracle vrai une fraude repoussée par une religion contraire à toute sorte de mensonge ? Comment se fait-il qu'à un moment donné on n'eut pas eu intérêt à l'interruption du miracle pour émouvoir le peuple ? Comment enfin s'il y a là un acte de superstition, n'a-t-il pas été dévoilé par quelque ami de Garibaldi, par quelque romancier célèbre qui avait le désir et le pouvoir d'en découvrir le secret ? (1)

(1) Alexandre Dumas, après avoir vu le miracle (*le Corricolo*, t. 2, p. 162), s'exprime ainsi : « Maintenant que
» le doute dresse sa tête pour nier, que la science élève
» sa voix pour contredire, voilà ce qui est, voilà ce qui
» se fait, ce qui se fait sans mystère, sans supercherie,
» sans substitution, ce qui se fait à la vue de tous. La
» philosophie du XVIIIe siècle et la chimie moderne y ont
» perdu leur latin : Voltaire et Lavoisier ont voulu mordre
» à cette fiole, et comme le serpent de la fable, ils ont
» usé leurs dents. Maintenant, est-ce un secret gardé par
» un chanoine du trésor et conservé de génération en
» génération depuis le IVe siècle jusqu'à nous ? Cela est
» possible, mais alors cette fidélité, on en conviendra,
» est plus miraculeuse encore que le miracle. »

Je ne vous conduirai pas dans toutes les églises
que j'ai visitées. Celle de *San Paolo Maggiore*
ou de *San Gaetan*, est remarquable par un portique de colonnes corinthiennes, gardant son caractère antique devant l'édifice moderne. C'est le reste
d'un temple de Castor et Pollux adossé à une église
nouvelle, *Santa Chiara*, mérite aussi d'être men-
tionnée à cause de ses tombes royales.

J'étais allé voir le Fort St-Elme au sommet de
la montagne qui domine Naples. Je redescendais
la pente très-raide lorsque j'appris que l'église de
San Martino était presque attenante à la forteresse et qu'on y entrait par la même avenue. Je
forçai mon cocher à remonter et je m'empressai
de visiter ce célèbre couvent de Chartreux, l'église
est éblouissante depuis la coupole ornée de fresques
très-belles jusqu'au pavé resplendissant de marbres
polis de diverses couleurs ; les murs richement
décorés sont couverts de chefs-d'œuvre de Guido
Reni et de Caracciolo. J'admirai surtout la dépo-
sition de croix de Ribera. On est surpris que la
chapelle la plus riche que l'on puisse imaginer
appartienne à l'ordre religieux le plus pauvre que
l'on puisse trouver.

Lorsque le moine qui m'avait montré les curiosités de l'église me quitta, un autre vint m'offrir
de me montrer le point de vue dont on jouit sur
cette hauteur qui permet au regard d'embrasser
la ville dans tous ses détails et de s'étendre au
loin sur la mer. Je me rappelai qu'un étranger

ébloui, enthousiasmé par ce spectacle vraiment
magnifique, s'écria : « C'est ici un vrai paradis
terrestre ! » Le Religieux qui l'accompagnait répondit
naïvement : oui, pour ceux qui ne font qu'y passer,
transeuntibus.

Naples, en ce moment, me fait aussi l'effet d'un
paradis terrestre, mais pour ceux qui ne sont pas
obligés d'y demeurer, *transeuntibus.*

VI.

HERCULANUM. — LE VÉSUVE.

A peine arrivé à Naples, je m'empressai d'aller voir M. Fiorelli, directeur des fouilles de Pompéï, auquel j'avais été recommandé, *caldamente*, par le chevalier de Rossi. Le célèbre antiquaire napolitain me conseilla de profiter d'une magnifique journée pour aller voir Pompéï avant de visiter le musée dépositaire de ses trésors.

Je ne m'arrêtai pas à Portici. Je vis le château en passant, mais je n'entrai pas dans les appartements qui ont perdu tout leur intérêt en perdant les antiquités et les objets d'art dont on les a dépouillés pour enrichir le musée Bourbon.

Je ne m'arrêtai pas non plus longtemps à *Resina*, autrefois *Retina*, antique port d'Herculanum. Stabie, Herculanum et Pompéï disparurent le même jour. Où était Stabie? On croit que Castellamare fut bâtie sur ses ruines, ou près des lieux où fut jadis cette ville antique. On montre au musée de Naples un grand nombre d'objets précieux que l'on dit retrouvés à Stabie. Pourquoi les fouilles n'ont elles pas été dirigées de ce côté?

On a négligé Stabie pour Herculanum et Herculanum pour Pompéï.

Herculanum est enfoui encore à une grande profondeur, on n'évalue pas à moins de 20 à 41 m.
l'épaisseur de la croûte de lave qui le recouvre.
Cette couche solide a l'avantage d'avoir protégé et
conservé divers objets comme les papyrus qu'on
ne retrouve pas ailleurs. Elle a l'inconvénient de
former une voûte difficile à briser, de telle sorte
qu'on ne peut visiter ces ruines qu'à la lueur des
torches et qu'on ne fouille la ville que pour la
dépouiller. Je me contentai d'admirer dans les
musées les objets précieux trouvés à Herculanum,
et je n'eûs aucun désir d'aller voir les lieux d'où
on les avait extraits.

C'est à Résina que l'on prend souvent la route
du Vésuve. Il n'est pas dans l'univers un volcan
plus connu, plus étudié, plus célèbre. Il a été si
souvent décrit par les auteurs anciens et par les
auteurs modernes ; il a été si souvent représenté
par la peinture et la gravure qu'en le voyant pour la
première fois, j'ai cru revoir une montagne depuis
longtemps connue.

On gravit facilement à cheval la montagne jusqu'à
une certaine hauteur ; mais ce n'est qu'à pied qu'on
peut monter au cône de cendres. Ascension pénible, parce que la cendre mobile roule sous les pas
du voyageur. Ces cendres dans le voisinage du
cratère toujours béant et embrasé, brûlent les
chaussures et font cuire les œufs qu'on y dépose.
Le mont est divisé en deux cônes ; jadis, d'après la
description de Strabon, il n'en existait qu'un seul ;
on suppose que la vallée, aujourd'hui formée entre

le Vésuve proprement dit et la *Somma*, fut brusquement produite, lorsque Herculanum, Stabie et
Pompeï, disparurent ensevelies moins sous des
torrents de lave que sous des masses de débris
ponceux des ruines d'une montagne à demi écroulée.
Ruina montis est l'expression d'un auteur con-
temporain.

C'est une lamentable histoire que celle des éruptions de ce terrible volcan. La fumée sort constamment de son cratère tantôt comme une vapeur
légère, qui fait à peine tache dans l'azur du ciel ;
tantôt comme une colonne épaisse qui s'élève à
3,000^m de hauteur et s'épanouit au sommet comme
un pin gigantesque. Tantôt des laves brûlantes s'é-
chappent de sa cime enflammée ou de ses larges cre-
vasses ; tantôt des laves aqueuses forment des
inondations de boue plus périlleuses encore que
les inondations de feu.

J'étais surpris de trouver deux villes considérables, Torre del Greco et Torre de l'Annunziata,
assises sur les flancs du Vésuve, de voir leurs
habitans, oubliant que leurs pères avaient naguère
péri en ces lieux, choisir cet endroit pour leurs
poudrières et s'endormir sur le volcan ! La lave
brûlante a beau les chasser ; à peine s'est-elle
refroidie, qu'ils sont ramenés vers les champs
paternels par la fertilité du sol et la beauté de
la nature.

C'est sur les pentes du Vésuve que croît la vigne
qui produit le *Lacryma-Christi*. Je ne sais pour-

9

quoi ce nom de tristesse a été donné à un vin
parfumé qui engendre la gaîté. On parle souvent
de neige sur ce volcan. Le Vésuve se revèt quelquefois d'un manteau de frimats, et en 1819 on
a trouvé au mont Etna des masses de neige recou-
vertes par un courant de lave qui la conservait
depuis des siècles.

C'est le 3 novembre 79, que disparurent à la
fois Stabie, Herculanum, Pompeïa, trois villes
importantes, saisies tout-à-coup par le volcan.
Epouvantable catastrophe! Il faut en lire les détails
non point dans les romanciers modernes, mais
dans les historiens contemporains.

Pline le jeune (si bien traduit par M. Cabaret-
Dupaty) raconte à Tacite cet évènement qui lui
enleva son oncle Pline, le naturaliste. Je regrette
que l'étendue de ces deux lettres ne me permette pas
de les reproduire ici en entier. Un nuage d'une
grandeur et d'une forme extraordinaire jeta au loin
l'alarme. De toutes parts, sur le mont Vésuve,
on voyait briller de larges flammes et un vaste
embrasement dont les ténèbres augmentaient l'éclat.
Les maisons étaient ébranlées ou renversées par
d'effroyables tremblements de terre. Les exhalaisons
de soufre étaient mortelles. Pline, que l'amour de
la science avait attiré près de ce lieu, périt as-
phyxié. Une pluie de cendres et de feu se répandait au loin. L'obscurité la plus profonde régnait
au milieu du jour et n'était dissipée que par des
éclairs qui la faisaient apparaître plus sinistre encore.

Pline en racontant l'épouvante des populations,
ajoute : « j'étais soutenu par cette pensée déplora-
» ble et *consolante* à la fois, que tout l'univers
» périssait avec moi ! » En ce moment périssaient
trois villes florissantes !

Je brûlais de voir Pompéï sortant de son tombeau.
Enfin je touche au but de mes désirs.

POMPÉÏ.

Pompéï! que de fois j'avais rêvé de cette cité momie ensevelie vivante, il y a 18 siècles, et par une résurrection merveilleuse se dégageant peu à peu, comme d'un linceul, de la verte colline dont elle est enveloppée ! Hélas! les plus terribles catastrophes de la nature sont moins dévastatrices que les ravages causés par les hommes. Si on eût laissé faire les invasions des Barbares et le Temps, rien ne serait resté debout de l'antique Pompéï. Rendons grâce au Vésuve qui l'a conservée en paraissant la détruire.

C'est une curiosité qui n'a pas sa pareille dans le monde. Pompéï n'est qu'à 23 kil. de Naples et le trajet se fait rapidement en chemin de fer. Une station est près de la ville. En entrant, on passe un tourniquet, et moyennant 2 fr. on vous donne un guide pour vous conduire et une notice imprimée pour vous indiquer 95 monuments, les plus curieux à visiter.

Pompéï était moins artistique et plus commerçant qu'Herculanum. On y monte par une pente douce; au lieu d'une ville morte à demi-plongée encore dans les profondeurs de la tombe, on trouve

une ville éclairée par un brillant soleil et jouis-
sant de beaux points de vue.

Grâce à une recommandation de M. Fiorelli.,
toutes les portes me furent ouvertes.

En entrant, je fus surpris de trouver tant de
grands édifices debout, tant de maisons qui sem-
blaient avoir été habitées depuis peu, tant de rues
gardant encore l'empreinte des derniers chars qui
roulèrent en ces lieux, il y a 1800 ans, et dont la
circulation semblait n'être interrompue que depuis
la veille !

Chaque rue, chaque édifice, a repris un nom; tantôt ce nom a été emprunté à un personnage présent à
la découverte d'une maison, telle est la maison
Championnet; tantôt il a été tiré d'un objet d'art
précieux trouvé dans l'intérieur d'un édifice, telle
est la maison *du Faune*. Aujourd'hui la recherche
du vrai nom du propriétaire antique, d'après les
cachets, les inscriptions trouvées chez lui, préoc-
cupe avec raison le savant Directeur des fouilles.

En rendant justice au savoir de M. Fiorelli, pourquoi, ainsi qu'on l'a fait dernièrement dans un
remarquable article que vous avez lu, se montrer
injuste envers l'ancien gouvernement? Pourquoi,
afin de dénigrer la lenteur de fouilles anciennes,
faire des descriptions fabuleuses de l'activité des
fouilles actuelles? Pourquoi dire que 5 à 600 ouvriers et des *nuées* de jeunes filles sont occupés
sans relâche à remuer la terre, lorsque j'ai à peine

vu quelques pauvres femmes travailler sous la sur-
veillance d'un seul *soprastante!*

Je n'irai pas ici, pour le plaisir de soutenir une
thèse contraire, prétendre qu'autrefois on faisait
plus dans un jour que maintenant dans un mois, et
que les plus intéressantes découvertes sont les plus
anciennes. Rendons grâce à M. Fiorelli; il a per-
fectionné le système des fouilles; il a créé dans une
maison antique une bibliothèque Pompéïenne que
j'ai pu admirer; il a fait laisser sur les lieux des
objets trouvés en double et qui intéressent bien
davantage quand'on les voit à l'endroit même où ils
furent placés, il y a tant de siècles; mais je crois
qu'il pourrait faire mieux encore. M. J. Brunton, il
y a déjà plusieurs années, avait adressé au Roi de
Naples un mémoire où, interprète des antiquaires
et des artistes, il exprimait le vœu qu'on laissât
à Pompéï quelques objets de Pompéï. Il avait composé un projet de restauration soit d'une maison,
soit d'un îlot, de telle manière qu'en les visitant on
pût se figurer que les habitans n'étaient que mo-
mentanément absents. Ce projet fut compris et
accueilli par le roi de Naples, qui décora M. Brunton
pour cet intéressant travail. Pourquoi ne pas profiter de cette idée et la réaliser? Le Musée de
Naples quelque vaste qu'il soit ne peut plus contenir
les objets antiques qu'on a trouvés par milliers
et ceux qu'on doit infailliblement trouver encore. Je
crois que les Napolitains se plaignent à tort que les
Piémontais les dépouillent de tout, même de leurs

antiquités pour les expédier à Turin. M. Fiorelli
devrait bien mettre à exécution le projet de
M. J. Brunton.

Parcourons ensemble cette ville âgée de tant de
siècles. Je remarquai d'abord avec quelque étonnement que les maisons n'ont pas cet air de vétusté
que le temps imprime aux anciens monuments.
La ville déjà avait été attaquée par le volcan en 63.
Elle était à peine rebâtie lorsque, seize ans après,
elle disparut engloutie par une éruption plus terrible
que la première.

Ce qui me frappa encore, ce fut de voir que,
sous bien des rapports, les anciens en savaient
autant que nous. On pourrait même quelquefois
en rétrogradant de deux mille ans, leur emprunter
des améliorations utiles.

Les rues sont mieux pavées que les nôtres ; les
trottoirs très-beaux sont en asphalte comme aujour-
d'hui. Les fontaines publiques qui décoraient les
rues et qui ensuite distribuaient les eaux dans les
maisons particulières ne seraient pas mieux établies
de nos jours. Enfin nous n'avons aucun moyen
d'éviter la boue lorsque nous traversons la rue,
tandis qu'à Pompéï, pour passer d'un trottoir à
l'autre, le pied peut se poser sur un dé en pierre,
placé au milieu de la voie dont il ne gêne pas
la circulation.

Les rues sont droites et étroites ; dans un *qua-*
drivium, carrefour, où se croisaient quatre rues
principales, celles du Forum, de Mercure, des

Thermes et de la Fortune, s'élevaient des arcs de triomphe avec des revêtements en marbre et des statues pour couronnement.

Les remparts entourent encore la ville excepté du côté de la mer. C'est une double muraille de 25 à 30 pieds de hauteur, ayant un terre plein où trois chars pouvaient passer de front, et flanquées de grosses tours carrées de distance en distance.

Chaque ville romaine avait au moins deux *fora :* le *forum venale*, consacré au marché, et le *forum civile* consacré aux assemblées du peuple. Ce dernier *forum* devait être en reconstruction au moment de la catastrophe. Il était pavé de marbre ; entouré de portiques de colonnes doriques de marbre blanc et surmonté de terrasses où l'on montait par des escaliers.

Près du *forum* s'élevaient plusieurs édifices publics. *La Basilique,* qui d'après le sens grec du mot voulait dire *maison royale,* était à la fois la *Bourse* où se réunissaient les négociants, et le *palais* où les juges rendaient la justice ; on y montait par quelques marches. La nef, à ciel ouvert, était bordée de colonnes ioniques très-gracieuses ; j'ai remarqué aux angles des colonnes accouplées comme dans nos églises gothiques. Au fond de la salle, le siège des magistrats est plus élevé. Sous les pieds des duumvirs étaient placés les cachots, et les juges pouvaient, par une ouverture pratiquée pour cet usage, prononcer aux coupables leur sentence.

Dans une prison de la ville on a trouvé deux squelettes ayant aux pieds des entraves de fer ; au quartier des soldats quatre squelettes étaient attachés à une barre de fer. Cet instrument à l'aide de chevilles et de clavettes permettait au prisonnier de se coucher, quoiqu'il eut les jambes retenues.

L'*œrarium*, qui contenait d'assez fortes sommes, était près du *forum*. Les thermes de Pompéï, n'avaient pas la magnificence des thermes de Rome, mais ils sont très intéressants par leur conservation. Un corridor à plafond bleu avec des étoiles d'or mène de l'*atrium* au vestiaire. Cette salle a conservé une triple rangée de bancs et l'on peut y voir la place où se déposaient les vêtements. Le *frigidarium*, petite pièce ronde, destinée au bain froid, était éclairée par le haut. De là on passait à la chambre chaude *tepidarium*, et puis à la salle des bains à vapeur *caldarium*. Tout est orné de peintures et de décorations en stuc. On a retrouvé un brasier en bronze et 1,348 lampes dans ce bâtiment bien conservé.

Pompéï avait plusieurs beaux temples consacrés à Jupiter, à Auguste, à Mercure, à la Fortune, à Isis, à Esculape, à Neptune et surtout à *Vénus physica* sa patronne. Dans celui de Jupiter on a retrouvé une tête colossale de ce Dieu. Ce temple est élevé comme tous ceux de Pompéï, sur un soubassement ou *podium*. Son portique est orné de colonnes corinthiennes et la nef entourée de colonnes ioniques. Le temple d'Isis est curieux.

On y remarque un escalier secret qui permettait de se glisser inaperçu derrière les statues pour leur faire rendre les oracles. Un prêtre fut surpris à table pendant la catastrophe, il paraît qu'il avait un bon dîner, à en juger par les débris de gibier et de poisson trouvés près de lui.

Dans le temple d'Auguste ou Panthéon, on montre une . salle où se débitait la chair des victimes immolées dans les sacrifices : on y a découvert beaucoup de monnaies.

Les temples du Dieu des voleurs et celui de la Fortune allaient bien ensemble. Le plus beau et le plus vaste est celui de Vénus, son portique était soutenu par 48 colonnes. La statue de l'Hermaphrodite, image de la stérilité, se trouvait à côté de celle de Vénus physique. Le nom de *Venus Physica Pompeiana* prouve assez que c'était la Déesse du lieu.

Les fêtes et les plaisirs ne manquaient pas à la ville consacrée à une telle divinité, on y retrouve encore un amphithéâtre et deux théâtres, l'un tragique et l'autre comique.

On est frappé, en entrant dans les maisons, de les trouver en général très-petites. Les Romains ne vivaient guère chez eux, ils passaient la journée au Forum, à la Basilique, aux Thermes. Les esclaves restaient pour travailler et occupaient peu de place. Cependant plusieurs maisons ont une certaine importance et presque toutes sont élégamment ornées de peintures et d'objets d'art.

Entrons dans la maison appelée à tort maison
de Pansa : c'était vraisemblablement la maison de
Paratus. Elle a des façades sur trois rues ; une
boulangerie, des boutiques, *tavernæ*, où les esclaves
vendaient les produits du maître et quelques appartements destinés aux locataires (*inquilini*) donna i en
sur les rues des Thermes, de la Fullonica et de
Fortunata. On entrait dans l'intérieur de la maison
par le *Prothyrum* ou vestibule. C'est là qu'étaient
placés les Dieux lares et que les clients venaient
attendre. Le portier était à portée pour demander
à celui qui entrait qui êtes vous ? *Janitor, quis tu* ?
L'atrium, première cour intérieure, était entouré
de *cellæ*, petites chambres éclairées uniquement
par la porte. *L'ergastulum* ou logement des esclaves
se trouvait dans cette partie du bâtiment. Le plafond
qui couvrait l'atrium était ouvert au milieu, *com-
pluvium*, pour laisser tomber l'eau dans l'*impluvium*
ou bassin carré. L'atrium était terminé par le
covœdium portique contenant deux pièces destinées
à recevoir les clients, et par le *tablinum* bibliothèque et archives de la famille contenant les images
des ancêtres. Des corridors, *fauces*, conduisaient aux
appartements intérieurs. Venait ensuite le *Peris-
tylum*, seconde cour autour de laquelle étaient
rangées les *cubicula* ou chambres des maîtres ;
le péristyle était à ciel ouvert et entouré d'un
portique à colonnes. Au centre un beau bassin,
piscina, était décoré de jets d'eau, et bordé de
statues et de fleurs. Près de là étaient les *triclinia*

ou salles à manger, d'été et d'hiver; au fond du
péristyle on trouve un *posticum* ou porte de derrière.
Enfin l'*œcus* salle élégante destinée aux femmes
et donnant sur le *xystus* ou parterre de fleurs
et d'arbustes. Les appartements du premier étage,
cœnacula, servaient ordinairement à loger des esclaves et à garder les provisions. Les maisons au lieu
de toitures avaient des terrasses où de belles treilles
répandaient leur ombrage. On avait l'habitude de
tendre sur la cour un voile de lin teint en rouge
qu'on appelait *courtines*, parce qu'on trouva les
premières grandes voiles à la *cour* d'Attale roi
de Pergame.

Les appartements des femmes, le *gyneceum* et
le *venereum* étaient souvent séparés des appartements des hommes. On cite comme un modèle de
venereum celui de la maison d'Actéon. C'était un
boudoir, dont le nom a donné lieu à de singulières
interprétations. Ce nom, s'il avait eu le sens
érotique qu'on a voulu lui donner aurait trouvé plus
d'une fois sa place dans Ovide, Tibulle et Horace
qui ne l'ont jamais employé.

L'espace me fait défaut pour retracer toutes les
particularités curieuses que j'ai remarquées dans
diverses constructions.

La maison de Diomède a trois étages, elle a un
superbe péristyle qui avec ses colonnes ressemble
à un cloître. Le *cubicularius* ou logement de
l'esclave de service était près d'une chambre ellep-
tique à alcóve (*Zolheca*), où l'on remarque les

anneaux qui soutenaient les rideaux. Je descendis dans la cave, où l'on recueillit d'énormes amphores, gardant encore du vin desséché par les siècles et 17 squelettes. Parmi les malheureux qui cherchèrent en ces lieux un asile, se trouvait une jeune fille qui a laissé en tombant l'empreinte de son sein sur un morceau de cendre que j'ai vu au musée de Naples.

Cicéron était un grand propriétaire, il avait de superbes villas près de Rome à Tusculum, et près de Naples à Pompéï, à Pouzzoles, à Cumes. Sa maison de Pompéï était riche d'objets d'art qu'on y a retrouvés.

Il est curieux de rechercher par l'ameublement de chaque habitation la profession et les goûts du propriétaire d'autrefois. La maison d'un chirurgien contient des instruments de chirurgie très-pèrfectionnés; dans le nombre il s'en trouve plusieurs dont les anciens faisaient usage et de l'invention desquels les modernes revendiquaient l'honneur. Celle du Pharmacien ou *séplasiaire*, était ornée de la peinture d'un serpent et remplie de fioles contenant des médicaments. Celle du Foulon, décorée de la peinture des diverses opérations du teinturier, renfermait tous les instruments propres à la teinture et au dégraissage. Celle du cabaretier avait pour enseigne deux hommes portant une amphore; elle était garnie d'une si grande provision de grosses amphores qu'on a dû les laisser sur place. L'atelier du Statuaire était encombré

de blocs de marbre dont l'un était à demi scié et la
scie y était restée engagée; on y a trouvé aussi
des leviers, des compas, des maillets, des ciseaux,
dont un a conservé le taillant en bon état.

Ce qui m'a le plus intéressé ce sont les boulange-
ries. Dans l'une, découverte en 1809, le pain était prêt
à cuire; dans une autre, découverte récemment,
80 pains étaient encore dans le four; je les ai vus;
on en garde une partie à Pompéï, et on a déposé
l'autre au Musée. Ils sont parfaitement conservés
et on a pu les soumettre à l'analyse chimique. Dans
la boulangerie tout était en place, le moulin, les
provisions de blé, les amphores pleines de farine, les
vases pour recevoir l'eau, le brasier pour allumer
le feu.

Plusieurs hôtelleries sont placées à l'entrée de la
ville. Dans une de ces maisons une grosse marmite
était encore sur le brasier. On est étonné de n'avoir
pas encore retrouvé d'écuries. Des squelettes d'âne
et de chevaux gisaient dans les cours.

A l'aspect de cette ville déserte, on se demande
que sont devenus les habitans? A l'aspect de tant
d'objets fragiles merveilleusement conservés, on
se demande si quelques débris humains n'auraient
pas été conservés encore.

Lorsque le Vésuve s'entrouvrant avec fracas se
précipita sur Pompéi, il laissa échapper un grand
nombre d'habitants avertis par les épouvantables
avant-coureurs de cette catastrophe. Quelques-uns
cependant furent surpris dans leur fuite; d'autres

trouvèrent la mort dans les caves, où ils cherchèrent un refuge. Les soldats fidèles à leur consigne
périrent à leur poste en vrais soldats romains. Les
femmes en voulant sauver leur bourse et leurs
bijoux se laissèrent souvent attarder et ne purent
se sauver elles-mêmes.

M. Fiorelli fait déblayer la ville par le haut.
Par une heureuse invention, lorsqu'un espace vide
indique l'emplacement occupé par un corps humain,
il fait verser du plâtre délayé dans ce creux, il fait
enlever ensuite avec précaution la croute de pierre
ponce et de cendre durcie, et moule ainsi les anciens
habitants de Pompéi. Ils sont tels qu'ils étaient
au moment où ils furent saisis par le volcan et
par la mort. C'est un triste spectacle que celui
de ces Pompéiens dans les convulsions de l'agonie !
Leur attitude est celle du désespoir ; leurs traits
portent l'empreinte de la souffrance ; leurs vêtements laissent voir leurs tissus, et les broderies
se détachent sur le nu de la chair. Ce qui fut
leur cadavre s'évanouit au contact de l'air. Ce qui
reste de l'homme est donc plus fragile qu'un morceau
de verre ou de papier !

Je vous épargne les réflexions et les descriptions
lugubres que pourrait m'inspirer le souvenir des
moulages que j'ai vus ; et des morts, je passe aux
tombeaux.

Les anciens, vous le savez, les plaçaient à l'entrée
de la ville. La rue des tombeaux n'est pas la moins
intéressante à Pompéi. Ces monuments funéraires

sont dignes du respect des anciens pour leurs ancêtres. J'ai pénétré dans ces sombres demeures des morts où l'on peut faire bien des études sur les arts et les usages d'une époque si loin de nous. J'examinai dans quelques-uns l'*ustrinum* où se brûlaient les morts et le *silicernium* où se donnait le repas funèbre. Plusieurs tombeaux portaient les signes de la profession du défunt. Celui de Diomède avait des faisceaux renversés; celui du gladiateur le représente combattant un ours avec un voile d'une main et une épée de l'autre, comme de nos jours le tauréador combat le taureau. Dans la *tombe souterraine* on remarque une belle porte en bronze sur des pivots en bronze. On admire des bas-reliefs curieux dans celle de Nœvoleia Tyché et de Calventus Quietus.

Pour bien voir Pompéi, il faut compléter ce qu'on voit sur les lieux par le souvenir de ce qu'on trouve au musée de Naples. Il faut par la pensée replacer chaque meuble, chaque objet d'art à l'endroit qu'ils devaient occuper jadis. Je me fis donc nommer ou décrire dans les maisons vides et désertes les objets qu'on y avait découverts, et puis au musée, je recherchai ceux qui provenant de Pompéi étaient marqués de la lettre P. Aussi parmi les bronzes et les statues qui eurent pour moi un intérêt particulier, je citerai Sérapis, Isis, Livie, Antonia, Nerva, la Fortune avec un bracelet d'or, Cupidon, copié, dit-on, par Praxitèle, enfin le Faune dansant, une des merveilles de l'art antique.

Mais comment vous donner une idée de la quantité infinie d'objets curieux provenant du déménagement d'une ville qui s'était meublée il y a près de deux mille ans. Tout est curieux ; les débris d'un diner, et les moindres ustensiles de cuisine qu'on ne voit qu'à Naples, sont plus intéressants que des médailles et des bijoux antiques qu'on retrouve dans tous les grands musées de l'Europe. Voici des fourneaux économiques pour faire griller la viande et faire bouillir l'eau en même temps. Voilà des moules pour la pâtisserie, ils ont la forme d'un lièvre, d'une poule, d'un cochon de lait. Ici ce sont des instruments aratoires en grand nombre. Là ce sont des meubles de luxe : des candélabres d'un beau travail, une lampe d'or massif pesant près de 34 onces ; des baignoires en bronze, des lits et des tables richement ornementés. Ici ce sont des objets de la toilette d'une femme, miroirs en métal, vases à cosmétiques, boîtes à rouge. Là ce sont les armures des guerriers, riche et nombreuse collection dans laquelle je remarquai un beau casque orné de bas-reliefs relatifs à la guerre de Troie.

Un cabinet spécial est consacré aux gemmes et objets précieux. Que de camées, que de pierres gravées, que de bijoux d'or et d'argent, que de pierreries sorties de Pompéi où l'on en trouve un si grand nombre, surtout dans la rue des orfèvres ! Parmi les objets les plus curieux, on a classé avec raison les comestibles conservés intacts

10

sous la cendre, du blé, des fruits, des graines,
des débris de poisson, enfin une casserole contenant une espèce de polenta, dont la cuisson fut
interrompue par la catastrophe. Toutes ces antiquités sont d'autant plus précieuses qu'elles sont
de véritables révélations sur les mœurs et les
usages d'une époque reculée et qu'elles ont toutes
une date certaine. Combien d'objets qu'on croyait
ignorés des anciens et qu'on retrouve à Pompéï:
ainsi dans quelques maisons on a découvert des
restes de carreaux de vitre et selon M. Figuier
(année scientifique 1863), l'analyse chimique a dé-
montré un fait très-curieux, c'est la presque iden-
tité de la composition de ces vitres avec nos vitres
actuelles.

Les peintures décoratives, et les mosaïques souvent aussi belles que les peintures, sont l'ornement principal des appartements et offrent le plus
grand intérêt. C'est l'histoire contemporaine des
mœurs antiques, c'est l'histoire des habitudes de
chaque maison et des goûts de chaque propriétaire.

Ainsi, en voyant des combats de gladiateurs,
j'apprends des détails ignorés sur ces jeux barbares.
En voyant un artiste devant son chevalet, peignant
un portrait à côté d'une table où sont placées les
couleurs et l'eau pour les délayer, j'étudie la manière de faire du peintre; en voyant des poissons
et du gibier, je reconnais une salle à manger; et
l'histoire de Diane et d'Actéon m'indique la chambre
des femmes où l'œil indiscret ne doit point pénétrer.

Les peintures de Pompéï ont été l'objet de grandes études ; notre savant Raoul Rochette a publié à ce sujet un splendide in-folio dédié au roi de Naples. Il n'en a décrit que quelques unes ; il en existe des milliers et tous les jours on en découvre de nouvelles. On en laisse beaucoup en place, et pour assurer la conservation des plus belles on les transporte au musée où elles sont classées méthodiquement. Peintures relatives à Vénus, à Jupiter ou à telle autre divinité, paysages, marines, etc. L'ignorance des lois de la perspective rend très-défectueux ces deux derniers genres de peintures, mais il y a des fresques si belles de composition et de coloris qu'on doit supposer qu'elles sont des copies de beaux tableaux antiques. Ainsi j'ai remarqué Briséis enlevée à Achille, le sacrifice d'Iphigénie, Médée méditant le meurtre de ses enfants, les treize danseuses, véritable chef-d'œuvre de grâce.

Les mosaïques couvraient partout les pavés et quelquefois les murs. Quelquefois elles sont très-simples, d'autres fois elles rivalisent avec les plus belles peintures. En entrant dans une maison, souvent on rencontre sous ses pas : le mot : *salve,* Bonjour. Dans la maison du poëte, un gros chien est représenté avec un collier qui le retient et l'inscription : *cave canem*, prends garde au chien. Dans la villa de Cicéron un homme joue du tambourin à côté d'un enfant qui tient un flageolet et de deux femmes jouant, l'une des cymbales et l'autre de la double flûte. Une des mosaïques les plus remarquables est celle de la bataille d'Issus.

Les mosaïques ne décoraient pas seulement l'intérieur des appartemens, elles décoraient encore les jardins. J'ai vu une belle fontaine sortant d'une grotte couverte de mosaïques. L'eau découlait par le bec d'une oie en bronze tenue par un amour.

Les inscriptions m'intéressaient plus que tout autre chose peut-être, parce qu'il me semblait entendre une voix sortant de la tombe pour m'initier aux pensées de ceux qui sont muets depuis tant de siècles.

Ici c'est un mot d'amour ou de raillerie écrit par une main bien jeune encore et qui le lendemain était glacée par la mort : *Augé aime Arabienus,* ou bien :

Ah! peream sine te si Deus esse velim!

Que je meure si sans toi, je voulais devenir même un Dieu! ou bien :

Candida me docuit nigras odisse puellas.

Une blonde m'a appris à détester les brunes, et au-dessous, d'une autre main :

Oderis et iteras.
Scripsit Venus Physica Pompeïana.

Tu les détestes et tu y reviens.
Signé, Vénus Physique de Pompéï.

Souvent un cri de douleur ou de dérision amère s'échappe du cœur d'un esclave :

Labora aselle, quomodo laboravi et proderit tibi.

Travaille, mon petit âne, comme j'ai travaillé, cela te servira.

Au coin des rues, avec des fautes d'orthographe et de latin, se trouve la défense d'endommager les affiches sous peine d'encourir la vengeance de Vénus Pompéïana. Ici c'est un marchand qui écrit : *salve lucrum*, Vive le bénéfice. Là c'est un gamin mettant partout : *Appius le portefaix est un voleur, un filou.* Les affiches de location sont nombreuses : *Sittius a rétabli l'Eléphant; auberge à louer, triclinium à trois lits avec toutes les commodités désirables.* A louer dans les domaines de Julia Felix, fille de Spurius du 1er au 6 des Ides d'août, un bain, un venereum, et 90 boutiques pour cinq années consécutives. Après l'inscription latine se trouvaient les lettres s. q. d. l. e. n. c. Le mot *venereum* mal compris avait fait donner à ces signes la plus singulière interprétation. M. Fiorelli y a retrouvé tout simplement une stipulation de reconduction tacite : *Si quinquennium decurrunt locatio erit nudo consensu.* Les cinq années écoulées, la location continuera par simple consentement.

Les affiches des théâtres sont quelques fois très-brèves. *Vela erunt*, c'est-à-dire le velarium sera tendu, il y aura spectacle et l'on sera à l'ombre. On conserve plusieurs billets d'entrée ou *tessères*. Ce sont des espèces de jetons indiquant 1° l'arcade où l'on devait entrer, *cavea* ; 2° le coin ou section qu'on devait occuper, *cuneus* ; 3° le numéro du gradin, *gradus* ; 4° enfin le nom de la pièce et de l'auteur. Ainsi voici une tessère trouvée à Pompéi : *Cav. II. Cun. III. Grad. IV. Casina Plauti.* Les tessères pour les tragédies grecques sont en grec.

Les combats des gladiateurs paraissent avoir été
fort recherchés à Pompéï. Une affiche porte : 20
paires de gladiateurs combattront aux nones. Une
autre est ainsi conçue : « la troupe de gladiateurs
de Festus Ampliatus combattra à outrance le 16
des Calendes de Juin. Il y aura une chasse et
l'on dressera les voiles. »

Les réclames électorales étaient affichées dans ce
temps là comme de nos jours ; elles étaient plus
courtes et plus modestes. Ce n'était pas le candidat
qui se recommandait lui-même, il se faisait recom-
mander par quelque personnage notable. *Paratus
demande Pansa pour édile (Pansam ed. Paratus
rogat). Proculus demande Propidius pour édile.
Je vous prie (oro vos) de choisir Capella pour
édile rendant la justice. Proculus, nomme Sabinus
pour édile et il te nommera.*

Les réclames des simples particuliers sont quelquefois assez amusantes. *Le Scribe Issus se recommande à l'édile, il est digne de sa faveur* et
cette inscription est accompagnée du portrait du
Scribe peint avec la plume ou style à l'oreille.

On a trouvé souvent à côté d'une image obscène
les mots : *hic habitat felicitas* ; on a interprêté a
tort cette inscription : Ici habite la félicité, comme
une enseigne de mauvais lieu. Les phallus trouvés
en nombre si considérable partout et surtout à
Pompéï passaient chez les anciens pour avoir la
vertu de préserver de la *jettatura.* Qu'est-ce que

c'est qu'un *jettator ?* C'est celui qui jette un mauvais sort. Alexandre Dumas a fait sur ce sujet une
amusante dissertation romantico-historique. Ce qu'il
y a de certain, c'est que les anciens croyaient à
une sorte de fascination par le toucher, la parole
ou le regard, et qu'ils portaient sur eux des préser-
vatifs dont la forme obscène nous étonne. La même
superstition vit à Naples. On croit toujours au mauvais œil, et pour préservatif on se sert de cornes
grandes et petites. J'ai vu de belles cornes de
buffles qui coûtaient 40 fr. Alexandre Dumas dit en
avoir vu qui coûtaient 500 fr. et qui avaient 3 pieds
de long.

Une dame m'a montré les mouchoirs blancs que
sa bonne portait au cou. Ils sont chargés d'inscriptions brodées en grosses lettres rouges. Dans
l'une, il est dit en italien : Sapience aime Dieu.
Dans l'autre on exprime cette pensée que celui
qui garde la corne dans sa maison n'a rien à
redouter. Je l'ai copiée : « *Chi guarda il corno
vede la malia fuggir repente, da ogni danno che
fatto gli sara da chi se sia non deve paventar ne
torre affanno.* »

Est-ce à dire que dans les peintures et les
inscriptions de Pompéï on trouve plus d'ignorance
que d'immoralité? Dans la cité consacrée à Vénus
physique la dépravation était portée à un tel degré
qu'on serait tenté de croire que cette ville par ses
excès avait appelé sur elle le feu du Ciel et la
colère de Dieu.

St-Clément d'Alexandrie avait dit que les payens
ses contemporains se plaisaient à étaler dans leurs

chambres à coucher les images les plus contraires
aux bonnes mœurs. On l'a attaqué avec fureur pour
avoir calomnié les mœurs antiques et on l'a accusé de fausseté et d'exagération. Ceux qui seront
admis à visiter certaines maisons à Pompeï seront
persuadés au contraire qu'il est resté bien au-
dessous de la vérité. Les objets admirables comme
objets d'art et révoltants comme obscénité sont en
si grand nombre, que le musée des *oggetti osceni*
occupe déjà à Naples plus d'une salle. Une maison
récemment découverte à Pompeï dépasse par l'immoralité des peintures tout ce qu'on peut imaginer.

Que de réflexions se pressent dans l'esprit et dans
le cœur de l'archéologue chrétien, lorsqu'il com-
pare les derniers jours du paganisme en décadence
avec les premiers temps du christianisme gran-
dissant dans l'obscurité des catacombes. D'un côté
la déification du vice faisait descendre l'homme au
dernier degré de la dépravation; de l'autre côté
la glorification de la vertu élevait le cœur au plus
sublime dévouement. D'un côté, le payen prêtait
à ses dieux toutes ses faiblesses, d'un autre côté
le chrétien aspirait à l'imitation de la perfection
de Dieu lui-même. Que de cyniques images étalées
à Pompeï; que de divines allégories dans les catacombes! Ceux qui ont eu la pensée impie de
détrôner Jésus du royaume des cieux ont-ils encore inventé quelque vertu inconnue aux martyrs
des catacombes, ou bien veulent-ils nous laisser
retomber dans les désordres où l'humanité était
plongée lorsqu'il a fallu la main de Dieu pour la
relever?

VIII.

ENVIRONS DE NAPLES.

Existe-t-il au monde un plus beau pays que celui des environs de Naples? J'ai peine à le croire. Ce que je comprends bien c'est que les Romains aient choisi ces lieux pour des lieux de délices. Vous me demandez si j'ai cueilli des roses à Pœstum, colonie de Sybaris, ou si j'ai visité la maison du Tasse, à Sorrente, la ville des Syrènes. Je me suis contenté d'admirer de loin le site de Sorrente et je n'ai pas eu envie de faire connaissance avec les Banditi qui sont en possession des montagnes voisines. Cependant je n'ai pu résister au désir d'aller consulter la sybille de Cumes dans son antre, de suivre Virgile aux enfers et aux Champs-Elysées; enfin de visiter Pouzzoles, Baïe et le Cap de Misène, où je ne pouvais faire un pas sans fouler aux pieds quelque souvenir historique, *in aliquam historiam vestigium ponimus*, disait Cicéron.

Par une belle matinée, sous un ciel resplendissant, je partis avec deux aimables compagnons de voyage et un bon guide dans une calèche attelée de trois forts chevaux. En descendant de l'hôtel

11

de Russie, je jetai un coup-d'œil sur la blanche
vapeur du Vésuve qui tachait à peine l'azur des
cieux, je suivis le quai de Ste-Lucie, la Chiaja,
la Villa reale, et j'arrivai en quelques minutes à
la grotte du Pausilippe. C'est en réalité un tunnel
monumental fait par Cocceius, ingénieur d'Auguste
et d'Agrippa, pour traverser une montagne. La
voûte de ce tunnel s'élève jusqu'à 26 mètres : il
est constamment éclairé par des réverbères, et
par les cierges allumés autour d'une madone.

Le Pausilippe ! que de souvenirs rappelait à ma
pensée ce promontoire qui sépare le golfe de Naples
de celui de Pouzzole. Le souvenir qui dominait
tous les autres était celui de Virgile, que la loi
romaine appelle le *poète* parce que c'était le poète
par excellence. Stace avait acquis son tombeau qui
était vénéré comme un autel :

Maroneique sedens in margine Templi.

Le tombeau que la tradition appelle le tombeau
de Virgile, a-t-il réellement contenu ses cendres ?
Je l'ignore, mais je sais que c'est sur le mont
Pausilippe que le poète a composé ses Eglogues et
ses Géorgiques ; c'est là qu'il a choisi sa dernière
demeure ; et les beaux lieux qui charmèrent sa vie,
son ombre les habite encore !

Le nom de Pausilippe était le nom d'une villa
de Pollion, qui le donna, dit-on, à la montagne.
Qui n'a entendu parler de cet affranchi si cruel
pour ses esclaves, qu'il les donnait en pâture à

ses poissons? Un jour, il recevait à dîner l'empereur Auguste : un esclave maladroit brisa un vase
précieux ; Pollion aussitôt ordonna que ce malheureux fut jeté aux murènes. L'esclave, à genou,
supplie qu'on se contente de sa vie et qu'on lui
épargne l'horrible supplice d'être déchiré vivant
par ces monstres marins. Auguste ému demande
grâce pour le coupable. Pollion refuse et demeure
inflexible. L'empereur indigné de tant de cruauté
se fait apporter tous les vases de prix de son hote
et les brise lui-même. Il accorde la vie à l'esclave
et fait combler le vivier aux murènes.

Lucullus avait près de Naples *juxtà Neapolim*,
une maison de campagne magnifique. Nous en
trouverons une autre plus loin. J'ai un faible, je
l'avoue, pour ce grand homme. Cette phrase va
vous faire sourire : vous vous rappellerez Lucullus
dînant chez Lucullus. Vous savez qu'un jour
Pompée et Cicéron vinrent lui demander à souper
sans cérémonie. Il n'eut qu'à dire de servir dans la
salle d'Apollon et un repas somptueux fut aussitôt
offert aux convives. Chaque dîner du salon d'Apollon
coûtait 25,000 fr. Souvent un héros après avoir
conquis la célébrité par sa gloire l'a augmentée
encore par ses défauts. Les galanteries d'Henri IV
et la gourmandise de Lucullus les ont rendus
populaires. Ce que j'admire dans le héros romain
ce n'est point ce luxe inouï qui ne va plus à nos
mœurs, c'est d'avoir su s'arrêter à temps. Après
s'être illustré par ses victoires sur Mithridate, après

s'être élevé aux plus hautes dignités auxquelles put aspirer un citoyen romain, et avoir obtenu les honneurs du triomphe, il déposa toutes les dignités pour vivre à la campagne. Le Sénat voulut s'attacher cette brillante renommée et l'opposer à celle de Pompée. Lucullus répondit : « la fortune a des bornes, « l'homme sage doit les connaître. » Caton lui donna sa sœur en mariage. Cicéron lui consacra un livre. Il vécut selon les idées de son siècle, où dans l'absence de toute idée du ciel on faisait contribuer le bonheur à jouir, sur la terre, de toutes les magnificences de la vie.

Sa villa du Pausilippe s'élevait sur un rocher creusé à dessein pour qu'elle parùt bâtie sur la mer. Son jardin, c'était l'île de Nisita toute entière. Cette île au moyen-âge se nommait encore *Castrum Lucullanum*. Hélas ! que de larmes et de sang ont coulé dans le château témoin jadis de tant de plaisirs et de tant de fêtes ! où l'Empereur Auguste avait été somptueusement reçu, Augustule fut tristement enfermé ; où furent donnés les plus fastueux repas qu'on ait jamais vus, Manfredi et sa mère périrent dans les tortures de la faim !

Parmi les souvenirs qui attiraient mon attention sur Nisita, je me rappelai que c'était là que Brutus vint chercher un asile et qu'il trouva la mort.

Je ne pouvais assez admirer combien la nature était riche dans les champs phlégréens que je parcourais. Ce nom de phlégréens avait été donné aussi à des campagnes de la Grèce parsemées égale-

ment de volcans éteints. A l'aspect de ses monts
à demi calcinés, les populations antiques croyaient
reconnaître la trace des foudres de Jupiter écrasant les géants agresseurs du Ciel.

Il me semblait être dans un jardin sans fin.
Les aloës et les agaves formaient aux champs
une magnifique bordure. Les orangers en pleine
terre s'élevaient de tous côtés et de loin en loin se
dressaient de superbes palmiers. Les vignes, qui
me rappelaient les beaux *hautins* de la Bigorre
se *mariaient* aux arbres selon l'expression de Pline,
vites populis nubunt.

A propos de vignes dirai-je un mot des vins
d'Italie? Vous aimez trop à lire Horace pour ne
pas savoir par cœur tous ses vers en l'honneur du
Cécube, du Falerne et du Massique. Eh bien,
tous ces vins précieux qu'Horace se plaisait à boire
chez Mécène, et qu'il regrettait de ne pouvoir à
son tour lui offrir chez lui; ces vins sont déchus de
leur vieille renommée, tandis que le Lacryma-Christi
et d'autres vins de réputation récente les ont
supplantés sur la table des gourmets. Est-ce donc
une loi que tout doive changer dans la nature, dans
le cours des âges, la qualité des produits du sol,
comme le caractère des peuples eux-mêmes? Est-ce
notre goût qui s'est modifié ou la manière de faire
le vin? Ce qu'il y a de certain c'est que l'art viticole
n'est pas en progrès en Italie.

J'étais arrivé près du lac *d'Agnano* ou *d'Aguino,*
ainsi nommé à cause de la quantité de serpents

que les eaux sulfureuses y attirent. La grotte du
chien doit son nom à un singulier et cruel spectacle qu'on aime à se donner et qui n'était nullement
de mon goût. Cette grotte laisse échapper des exhalaisons délétères. On raconte que jadis les anciens
se procurèrent le plaisir d'y faire entrer des
esclaves pour les voir souffrir et mourir. Aujour-
d'hui on fait l'expérience sur des chiens. J'avoue
que les souffrances même d'un chien n'avaient pour
moi aucun charme et je continuai ma route.

Je m'arrêtai à Solfatara. Cette montagne dont
tant d'auteurs ont parlé depuis Aristote est en communication, dit-on, avec le Vésuve. C'est un volcan qui a eu des éruptions terribles et qui est
mal éteint. En voyant la *fumerole*, épaisse et noire
fumée, s'élever de ce cratère béant ; en sentant
les exhalaisons sulfureuses qui s'échappaient des
flancs de la montagne, en écoutant un bruit souterrain, semblable à celui d'une eau bouillonnant
dans une chaudière invisible ; en entendant le
terrain sonner creux sous mes pas comme s'il eut
été intérieurement vidé, je ne m'étonnai pas que
les anciens eussent appelé ce lieu la *bouche de
l'enfer*, le *forum de Vulcain*.

La superstition payenne expliquait ces bruits étran-
ges sortis des profondeurs de la terre par le
retentissement du marteau des cyclopes. La crédu-
lité du moyen-âge plaçait dans ces lieux de grande
épouvante *di grandissimo spavento* des malheureux
tourmentés par les démons *travagliati da i dia-*

voli. Après avoir jeté un coup-d'œil sur le mont Leucogée, où les anciens recueillaient une espèce de craie blanche qui donnait de la couleur et de la consistance à l'*alica* ou espèce de *polenta* du temps passé, nous descendimes à Pouzzole. Quelle est l'origine de Pozzuoli, Puteoli, en grec Dicœarchia ? Fut-elle fondée par les habitans de Cumes ou par les émigrés de Samos ? Doit elle son nom à *puteal*, lieu de justice, ou à *putor sulfuris* à raison des exhalaisons sulfureuses de ses volcans. Ce n'est pas en courant que ces questions peuvent être résolues. Cette ville, autrefois très-considérable, est réduite aujourd'hui à 45,000 âmes. Jadis elle fut célèbre par son commerce avec l'Orient; il ne lui reste plus que la renommée de ses souvenirs et de ses antiquités. C'est là que se retira Sylla, qui vint y mourir. C'est là que St-Paul séjourna sept jours d'après les actes des apôtres, Cicéron appelait Pouzzole, *pusilla Roma* (petite Rome). Je relisais sa lettre à Atticus où il raconte en détail la réception qu'il fit en ces lieux à Jules César. Il fut heureux et fier d'avoir chez lui un pareil personnage, mais César avait une suite si considérable que cette hospitalité fut un peu onéreuse. Cicéron est très enchanté de l'avoir reçu, mais il trouve que c'est assez d'une fois *semel satis est*, et que ce n'est pas un de ces amis auxquels on puisse dire : je vous aimerai bien si vous venez souvent me voir.

Plusieurs belles ruines attestent l'ancienne splendeur de Pouzzole.

Le môle attira d'abord notre attention. Ce sont des piliers joints entr'eux par des arcs en forme de ponts pour briser les flots de la mer et prévenir l'ensablement du port. Il n'en reste que 13 hors de l'eau. La longueur de ce travail gigantesque a été fort exagérée par Josephe qui la fait aller jusqu'à Misène. Plusieurs auteurs ont regardé ce môle comme l'extrémité du pont de Caligula. Suétone (voir la traduction de M. Dupaty, p. 228 et 240) raconte que cet empereur eut la folie de jeter un pont de bateaux de Pouzzole à Baïes. Il avait réuni là une grande quantité de bâtiments de transport au point d'arrêter l'approvisionnement de Rome. Le premier jour il se promena à cheval sur ce pont dans le costume le plus magnifique ; le second jour il y conduisit un char en costume de cocher. Pour compléter la fête, il invita la foule à le suivre et puis tout-à-coup il jeta tout le monde dans la mer.

En passant sur la place de la ville je remarquai la statue consulaire de Q. Flavius Mazius. On l'avait posée sur un piédestal antique orné de bas-reliefs en l'honneur de Tibère, restaurateur de plusieurs villes détruites par les volcans. Dans la cathédrale on retrouve des colonnes corinthiennes de l'ancien temple d'Auguste. Il ne reste que peu de vestiges du temple de Neptune, où vinrent sacrifier César avant d'aller combattre Antoine ; et Caligula avant d'entreprendre son beau voyage sur le pont dont je viens de parler.

Les plus belles ruines de Pouzzole sont sans con-

tredit celles du temple de Sérapis. L'édifice formait
un quadrilatère allongé de 200 pieds sur 160. Un
temple rond orné de 16 colonnes corinthiennes s'élevait au milieu d'un atrium entouré d'un portique de
48 colonnes et de 48 statues. Autour de l'atrium sont
rangés des cabinets de bains. La Statue de Sérapis
trouvée dans sa niche, et des inscriptions antiques découvertes sur les lieux ne laisseraient aucun
doute sur l'attribution donnée à ce temple, si des
savants n'avaient plaisir à tout contester. J'ai visité
ces cabinets de bains, et moi qui connais les
miracles opérés par les eaux des Pyrénées, j'ai
compris combien il était facile d'exploiter la cré-
dulité du peuple en attribuant à Sérapis et à Esculape les guérisons dues à des sources thermales
dont la vertu n'était pas comprise de tout le monde.
Le temple de Sérapis a été dévasté par la main
des hommes. C'est à Naples qu'il faut en admirer
les plus beaux restes. Sur les lieux on a cependant laissé quelques grandes colonnes curieusement
travaillées par des vers marins lithophages dont
les coquilles garnissent encore les trous creusés
dans le marbre. Comment la mer avait-elle envahi
ces grandes ruines? Ferber rapporte que la mer
a été longtemps à neuf pieds au-dessus de son
niveau actuel. On admet cependant la permanence
de son niveau depuis 2000 ans. Il faut donc attri-
buer ce phénomène plutôt à l'exhaussement de la
côte qu'à l'abaissement des flots.

L'amphithéâtre était fameux; il en reste de belles

ruines. Sa construction en briques, son revête-
ment en petites pierres posées en losange *opus
reticulatum*, la simplicité de ses dispositions intérieures, la ressemblance du plan avec les amphi-
théâtres les plus anciens d'Italie, tout démontre
sa haute antiquité. Il pouvait contenir environ
40,000 personnes. Suétone raconte qu'un jour la
représentation des jeux avait attiré à Pouzzole un
concours immense. Auguste indigné d'apprendre
que personne n'eut fait place à un sénateur qui
s'y était présenté, ordonna par un sénatus con-
sulte que les premières places seraient réservées
aux sénateurs. Il assigna l'ordre des préséances des
fonctionnaires, des hommes mariés, des femmes
et des célibataires (p. 104). Néron donna à cet
amphithéâtre de grandes fêtes où le roi Tiridate
fit preuve d'adresse en tuant deux taureaux d'un
seul coup de javelot.

. Après avoir examiné les antiquités de Pouzzole
nous allâmes visiter celles de Cumes. C'est une des
villes les plus anciennes et les plus célèbres. On
attribue sa fondation à Ipoclès, qui en abordant
sur ce rivage donna à la ville qu'il bâtit le nom
de sa patrie, Cumes en Eubée. Je ne rechercherai
pas si son origine est antérieure à la guerre de
Troie ; elle est fameuse par l'exil de Tarquin le
Superbe, par sa résistance à Annibal et surtout
par sa sybille. Elle avait fondé Naples et ce sont
les Napolitains qui au moyen-âge détruisirent de
fond en comble cette ville devenue un nid de
pirates. Aujourd'hui où sont ses habitans ?

Il ne reste de sa grandeur passée qu'une
porte monumentale·, nommée l'*arco felice*. Les
murailles sont en brique d'une énorme dimension
et la voûte s'élève à plus de 60 pieds au-dessus
de la route creusée dans les monts euboïques.
Nous montâmes au haut de la porte pour voir les
belles arcades qui couronnent le mur et qui avaient
fait croire qu'on avait construit en cet endroit un
aqueduc ou un temple.

Tous ces beaux lieux sont pleins de souvenirs
de Cicéron. Il avait une villa à Pouzzole, il en
avait une autre à Cumes; c'était là son royaume,
puteolana et Cumana regna, dit-il. L'une lui plaisait pour le point de vue, l'autre pour la promenade. La villa de Cumes est véritablement ce qu'il
appelait l'*Académie.* Elle était située près du mont
Gaurus et·du lac Lucrin.

Je ne sais si le mont Gaurus produit un vin
aussi fameux que du temps d'Athénée, qui rapporte qu'il était rare mais très-distingué et très-
fort: *Paucum sed nobilissimum ac tonans ac vali-
dum.* En face du mont Gaurus s'éleva un beau
jour du sein de la terre à la suite d'une éruption
volcanique le *monte nuovo*, aujourd'hui couvert de
belles vignes. Le P. Kircher ne rapporte-t-il pas
que dans nos Pyrénées une montagne tout-à-coup
s'engloutit à la suite d'un tremblement de terre
et fut remplacée par un lac? C'est l'opposé de ce
qui se passa non loin de la villa de Cicéron, le
30 septembre 1538.

Le moindre lac près de Cumes est plein de souvenirs. Voici le lac Lucrin, de *Lucrum*, à cause
du lucre énorme qu'on retirait de ses huîtres fameuses, chantées par les anciens poètes. Le lac
Lucrin aujourd'hui ne possède plus ces coquillages
si appréciés d'Horace, *Lucrinia conchylia*; ils sont
passés au lac *Fusaro* pièce d'eau charmante, jadis
le sombre Achéron.

Bientôt nous eûmes à traverser la grotte de
Cumes : on dit que cet immense tunnel était destiné
à mettre Cumes en communication avec Baïes, que
Cocceius fut l'ingénieur et Agrippa le bailleur de
fonds. Au lieu de cette prosaïque explication, je
préfère voir ici l'antre taillé dans les rocs eubéens
dont parle Virgile, *immane antrum*. Je préfère
évoquer toute cette mythologie infernale dont Strabon voulait débarrasser ces lieux. Après être sorti
de cet antre que nous avions traversé en voiture,
notre guide nous dit que nous avions été braves
sans nous en douter et que peu de voyageurs
osaient s'engager dans ce souterrain d'une très-
grande longueur, à cause des brigands qui infes-
taient le pays. Au sortir de la grotte, il fallut
dételer un cheval parce que le sentier était trop
étroit pour trois chevaux. Quel pays désolé ! d'un
côté des coteaux parsemés de quelques arbres assez
tristes, de l'autre le lac Averne plus triste encore.
L'Averne est ainsi nommé du mot *aornos*, qui en
grec veut dire privé d'oiseaux. Là, aucun être vivant
ne pouvait, disait-on, respirer. Virgile appelle ces

marais *Averna et stygia palus* les marais du Styx,
ostia acheruntis et *janua Ditis*, l'entrée de l'Achéron et la porte de l'enfer. L'idée des brigands
modernes se mêlait à celle des antiques divinités
infernales. Je vis sortir d'un bois un homme à
mauvaise mine, puis un second, puis un troisième
qui fut suivi de deux ou trois autres dont l'aspect
n'avait rien de bien rassurant. Ils entourèrent
notre voiture qu'ils firent arrêter. Je crûs bien
qu'on allait nous prier de descendre afin d'attendre
dans quelque sombre forêt que notre rançon fut
payée, comme c'est la mode en ce moment dans
ce pays. C'étaient tout simplement des paysans d'un
village voisin qui étaient venus dans ce lieu désert
pour remplacer la barque de Caron par leurs épaules
et nous faire traverser l'Achéron sans nous mouiller
les pieds.

En entrant dans les profondeurs de la grotte je
dus me courber un peu ; bientôt je vis la voûte
s'élever et une galerie souterraine me conduisit à
une salle formée par la nature dans les profondeurs
de la montagne. Là se trouve une eau sombre et
stagnante qu'il faut traverser sur le dos d'un homme
vigoureux, véritable Caron, qui pour vous passer
vous demande aussi son obole. On monte ensuite
dans des chambres qui ont bien besoin de quelques restes de mosaïques pour prouver qu'elles
furent jadis habitées.

On connait l'histoire de la sybille de Cumes.
Elle vivait, dit-on, avant la guerre de Troie. Apol-

lon qui l'aimait lui offrit un don à son choix. Elle demanda l'immortalité mais elle oublia de demander en même temps une éternelle jeunesse ; qu'elle devait être ridée lorsqu'elle fit payer à Tarquin 300 écus, trois volumes dépareillés après avoir, de dépit, jeté au feu les six volumes qui les complétaient ! Connue sous le nom de Déiphobe, c'est la sybille de Cumes qui conduisit le pieux Enée aux enfers. J'avoue que le lieu était bien choisi pour troubler les esprits et leur faire croire à la possibilité d'une descente dans le sombre empire de Pluton. La profondeur des eaux de l'Averne, les sombres forêts d'une triste vallée, les salles et les galeries que la nature, aidée de l'art peut-être, avait prolongées dans les entrailles de la terre, l'eau stagnante de l'Achéron qui par des conduits cachés allait se perdre dans les marais du Styx, le voisinage d'étuves naturelles exhalant des flammes souterraines, tout semblait concourir à faire une vive et profonde impression sur des âmes ignorantes et crédules. Ce qui est très-remarquable, c'est que la sibylle de Cumes, qui a dû voyager beaucoup, et qui a dû comme le Phénix renaître plusieurs fois de ses cendres n'ait pas perdu avec le Paganisme la célébrité qui s'attachait à ses oracles. St-Paul lui-même s'autorisa de ses prédictions; les peintures des Catacombes et les mosaïques du moyen-âge la représentent à côté des prophètes, ainsi que les fresques de la chapelle Sixtine et les verrières de nos vieilles cathé-

drales. Dans nos hymnes les plus anciennes ne
chante-t-on pas encore dans nos cérémonies reli-
gieuses : *teste David cum sybillâ*.   •

Près de la grotte et de l'Averne sont les thermes
d'Apollon et un peu plus loin les Etuves de Tritoli
stufe di Nerone ; on y descend par un passage
obscur et étroit, la température de ces eaux ne
s'élève pas à moins de 55°, 56° centigrades. Pline
prétend que la chaleur suffirait pour y faire cuire
des viandes. Il paraît que ces bains à vapeur opé-
raient des guérisons merveilleuses. Les médecins
de Salerne, vinrent par une belle nuit d'été s'in-
troduire furtivement dans ces lieux pour briser
les statues auxquelles les malades avaient plus de
foi que dans leurs ordonnances. C'était une mauvaise action ; ils en furent punis ; la mer si perfide en ces lieux, se troubla tout à coup et ils se
noyèrent près de l'île Capri, cette île fameuse par
les débordements de Tibère.

Après avoir vu l'enfer des anciens, nous voulu-
mes voir les Champs-Elyséens. Le mot *Hélision*,
d'après Esychius, voulait dire : champ frappé par
la foudre. Ce sont des hauteurs délicieuses, où l'air
est pur et d'où le regard s'étend sur un vaste
horizon. Ces belles campagnes qui font partie des
champs phlégréens s'étendent jusqu'à Misène. La
pensée de l'Elysée n'avait rien de bien séduisant
pour les payens, et les descriptions de leurs poètes
ne donnent guère l'envie d'y aller que le plus tard
possible. C'est là qu'ils aimaient à placer leurs

tombeaux. J'en ai visité de très-intéressants ainsi qu'un columbarium assez bien conservé.

Un véritable lieu de délices pour les Romains c'était le séjour de Baïes. On a beaucoup écrit sur l'étymologie de Baïa, qui viendrait, dit-on, de Bajus, compagnon d'Ulysse. Le golfe est formé d'un vaste cratère éteint. Ce site enchanteur est digne de son ancienne renommée. On comprend qu'il devait attirer ceux qui aimaient le plaisir, comme les eaux thermales des environs devaient attirer ceux qui cherchaient la santé. Aussi Horace disait-il :

Entendez-vous ce riche? il n'est pas sur la terre.
Au beau site de Baïe un site qu'il préfère

Nullus in orbe sinus Baïis prælucet amœnis.

Redirai-je les délices qu'autrefois on goûtait en ces lieux. Ces rives ne retentissaient que du bruit des chants, des concerts, des festins, des promenades sur l'eau, des intrigues amoureuses. C'est Cicéron que je traduis, mais en adoucissant ses expressions. Il se plaisait beaucoup à Baïes et Clodius lui reproche de s'y plaire un peu trop. Ce reproche aurait pu être adressé également à Marius et à Caton, à César et à Pompée. Sous l'empire, ces lieux ornés avec un faste inouï, ces lacs que l'on parsemait de roses furent témoins des plaisirs les plus éffrénés. Sénèque recommande de fuir ces contrées *irritamenta viliorum.* Properce les interdit à la belle Cinthie parce que ce pays était fatal à la

pudeur des femmes. Enfin Suétone raconte les extra-
vagantes orgies de Néron chez ses amis qu'il
ruinait par ses visites.

Selon une manie du temps, dont se plaignait
Horace, c'est sur la mer même que l'on aimait
à bâtir les villas; la mer a repris ses droits, ces
villas se sont écroulées et leurs ruines encombrent
encore le port.

Le palais de Jules César était sur un côteau:
il en reste d'énormes constructions que je ne
savais assez regarder et admirer. Tout près sont
encore debout les ruines des temples de Vénus,
de Mercure et de Diane. C'étaient sans doute des
thermes aussi bien que des temples. Celui de Vénus
est une rotonde bien conservée. Dans un de ces
antiques sanctuaires, des jeunes filles du pays vinrent danser des tarentelles. Pour la beauté et la
grâce elles devaient être loin de ces fameuses danseuses nommées *Ambubajæ* (*Ambu*, Auprès et *Baias*
Baïe) dont Tacite flétrit énergiquement les désordres. Nous passâmes à côté du *Castel di Baja*,
bâti avec des débris antique par Don Pedro de
Tolède. Ce château, comme tous ceux des environs
de Naples, est encombré de prisonniers.

Baoli, Bauli nous rappela des souvenirs mythologiques et historiques. Laissons Hercule, pour
parler de Néron. C'est là qu'il commit son plus
abominable forfait, le meurtre de sa mère. Ecoutez
Suétone (p. 336 de la trad. de M. Dupaty). Néron
commençait à se fatiguer de sa mère.... il résolut

de la perdre. Trois fois il essaya de l'empoisonner mais il s'aperçut qu'elle était munie d'antidotes. Il fit disposer un plafond qui à l'aide d'un mécanisme devait s'écrouler sur elle pendant son sommeil. L'indiscrétion de ses complices éventa son projet. Il imagina un navire à soupape destiné à la submerger, il feignit de se réconcilier avec elle et par une lettre des plus flatteuses, il l'invita à venir à Baïes célébrer avec lui les fêtes de Minerve. Lorsqu'elle voulut revenir à Bauli, il l'embrassa et la reconduisit gaiement à la galère qu'il avait fait préparer. Un affranchi d'Agrippine vint lui annoncer qu'elle s'était échappée à la nage; il imagina d'accuser cet affranchi d'avoir été envoyé près de lui par sa mère pour le tuer. Il fit égorger celle qui lui avait donné le jour, et répandit qu'elle s'était elle-même donné la mort, en apprenant que ses complots étaient découverts.

Suétone ajoute que depuis lors il ne put échapper aux remords de sa conscience et que souvent il avoua qu'il était poursuivi par le spectre de sa mère, par les fouets et les torches ardentes des Furies.

Je m'arrêtai à Baoli et je descendis dans les *cento camerelle*. Ce sont des galeries et des chambres souterraines en tel nombre qu'on les nomme le labyrinthe. Quelques auteurs n'ont voulu trouver là que des réservoirs d'eau. D'autres y ont vu les celliers de César. Notre guide nous disait que c'étaient les prisons où Néron faisait enfermer ses victimes. Après avoir examiné avec soin la distribution de ces lieux, je suis porté à croire que la tradition ne s'est pas trompée en les attribuant à des cachots. La prison Mamertine n'est pas aussi grande, mais elle n'est pas moins affreuse.

A chaque pas une curiosité nouvelle nous obligeait à nous arrêter. Une des plus remarquables est sans contredit la piscine nommée avec raison *Piscina mirabilis*. Figurez-vous un réservoir d'eau colossal, d'une longueur de 212 pieds sur une largeur de 85, recevant de l'air par 13 soupiraux, soutenus à une grande hauteur par 48 piliers énormes. Je descendis au fond par des escaliers de 40 marches. Là se recueillaient les eaux du Serino qui y descendaient par dessus les collines leucogées. Quel était le but de ce travail gigantesque? Etait-ce le réservoir des eaux amenées là par Agrippa sur des aqueducs pour approvisionner la flotte de Misène? Etait-ce la piscine que Néron voulait faire pour recueillir toutes les eaux thermales de Misène au lac d'Averne? Etait-ce simplement un approvisionnement d'eau pour Lucullus?

Je me contentais d'admirer la piscine admirable. Rien de grand ne m'étonnait plus de la part des Romains.

Je m'approchai des lieux où fut Misène, car la ville n'existe plus. Le mont Misène me rappela ce compagnon d'Enée, enterré en ces lieux auxquels il légua son nom.

Œternumque tenet per sœcula nomen,
disait Virgile, et cette prédiction ne s'est pas dé-

mentie. Le théâtre de cette ville de plaisir a laissé de belles ruines. Misène était séparée des Champs-Elysées par la *Mer Morte*, cratère éteint formant un des trois bassins du port de Misène et nommé ainsi sans doute parce qu'on traversait ce lac en transportant les morts aux Champs-Elysées.

Que de souvenirs se rattachent à ces lieux! Je ne remonterai pas à Annibal, je ne parlerai pas de Lucullus, qui avait ici une de ses plus belles maisons de campagne. Tacite raconte que Tibère après avoir changé souvent de résidence s'arrêta enfin au promontoire de Misène, dans la villa qui avait jadis appartenu à Lucullus. C'est là qu'il mourut étouffé, dit-on, sous un coussin. Au souvenir de Tibère mourant dans ces lieux, se joint celui de Néron s'y livrant à tous les désordres. On attribue à Néron la grotte de Traconara qu'il aurait fait percer pour amener à Misène les eaux thermales des environs de Baïe.

Pline le jeune était à Misène lorsque Pompéï disparut. D'après son récit il voyait un nuage extraordinaire, et il apprit plus tard qu'il venait du Vésuve. Comment n'a-t-il pas aperçu au premier abord que l'éruption provenait du Vésuve, qui paraît si bien de Misène? M. d'Aigueperse, qui croirait à un bouleversement de la nature plutôt qu'à une erreur de Pline, a ingénieusement expliqué que le mont Vésuve pouvait être à cette époque moins élevé qu'aujourd'hui, et se trouver par conséquent caché par le Pausilippe.

Le regard cherche de loin la *Torre di Patria*.

On sait que le grand Scipion se retira à Liternum
ne pouvant supporter l'ingratitude des Romains. Il
menait dans sa modeste retraite une vie bien différente de celle de Lucullus. Sénéque vante sa noble
simplicité, mais il avoue que plusieurs en voyant
le misérable toit qui l'abritait s'écriaient : « Oh!
le pauvre homme et qu'il savait peu vivre! »
Tite-Live rapporte qu'il a vu sa tombe avec l'inscription célèbre : *Ingrata Patria ne ossa quidem mea
habebis.* Ingrate Patrie, tu n'auras pas mes os. Une
tour fut élevée au moyen-âge sur le tombeau du
héros et comme on trouva sur un marbre antique
le mot *Patria*, seul reste peut-être de l'inscription, la tour reçut le nom qu'elle porte encore de
Torre di Patria. On fut surpris lorsqu'on découvrit à Rome le tombeau de la famille des Scipions,
d'y retrouver les cendres de Scipion l'Africain.
Cela ne m'étonne pas. Les peuples comme les indi-
vidus sont naturellement ingrats, mais ils n'aiment
pas qu'on le leur dise. Si d'ailleurs ils sont injustes
envers les vivants, il ne leur en coûte pas de dé-
dommager les morts par une reconnaissance pos-
thume.

Je m'arrête, cher collègue ; voilà tout ce que
j'avais vu d'antiquités et recueilli de souvenirs
dans une seule promenade, commencée à 7 heures
du matin et terminée à 5 heures du soir.

TABLE DES MATIÈRES.

Pau, Imprimerie É. Vignancour.

www.ingramcontent.com/pod-product-compliance
Lightning Source LLC
Chambersburg PA
CBHW072122090426
42739CB00012B/3036